Puvis de Chavannes

et ses OEuvres

TROIS CONFÉRENCES

ACCOMPAGNÉES DE 48 ILLUSTRATIONS

PAR

Mlle A. DECLAIRIEUX, 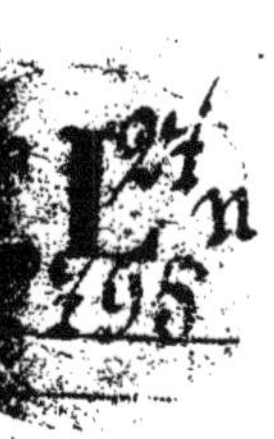

PRÉFACE

DE M. LÉON ROSENTHAL

DIRECTEUR DES MUSÉES DE LYON

LYON

SOCIÉTÉ ANONYME DE L'IMPRIMERIE A. REY

4, RUE GENTIL, 4

1928

Puvis de Chavannes

et ses OEuvres

Puvis de Chavannes

et ses OEuvres

TROIS CONFÉRENCES

ACCOMPAGNÉES DE 48 ILLUSTRATIONS

PAR

Mlle A. DECLAIRIEUX.

PRÉFACE

DE M. LÉon ROSENTHAL

DIRECTEUR DES MUSÉES DE LYON

LYON

SOCIÉTÉ ANONYME DE L'IMPRIMERIE A. REY

4, RUE GENTIL, 4

1928

PRÉFACE

*Il appartient aux grands cœurs de placer
haut leurs affections. Mlle Declairieux a voué
un culte à Puvis de Chavannes.*

*Puvis de Chavannes est un des plus
nobles artistes qui aient honoré notre pays.
Il ne nous a pas donné seulement de pures
joies d'art, il appelle la méditation et le
recueillement et travaille à nous rendre
meilleurs.*

*A son œuvre émouvante, Mlle Declairieux
consacre un minutieux et pénétrant examen.
Elle ne prétend pas nous en révéler la valeur,
mais elle nous invite à la scruter de plus près
et nous aide à en mieux comprendre les
intentions : grâce à elle, nous l'aimerons
davantage.*

Les nombreuses générations que Mlle DECLAI- RIEUX a initiées à la vie de l'esprit, avec un dévouement jamais démenti, retrouveront, dans ces pages, l'ardeur, la science, le charme d'une maîtresse d'élite dont elles conservent, avec gratitude, le vivant souvenir.

Tous ceux auxquels Puvis de Chavannes est cher auront plaisir, avec un tel guide, à refaire un pèlerinage devant les peintures qu'imprègne sa sereine et magnifique pensée.

LÉON ROSENTHAL.

Puvis de Chavannes

et ses OEuvres

1824-1898

———

Puvis de Chavannes descend d'une vieille famille bourguignonne.

Il naquit à Lyon le 14 décembre 1824 ; il mourut à Paris le 24 octobre 1898.

Son père était ingénieur en chef des Mines.

Aucun souvenir d'enfance ne nous parle de lui comme d'un jeune prodige au point de vue de la précocité dans la passion du dessin.

Il fut étudiant au Lycée de Lyon puis au Lycée Henri IV à Paris.

Voici le portrait que trace de Puvis, à cette époque, un ami de collège, M. Buisson :

« Je le vois, devant mes yeux, élancé, élégant,
« joyeux, avec des yeux dont la pointe ironique
« perçait déjà le ballon des banalités.

« Il avait le front haut. Ses cheveux châtains
« frisaient naturellement.

« Sa peau était blanche et délicate. A la moindre
« émotion elle se colorait en rose uniformément.

« Son nez hardi se terminait en deux méplats
« très fins.

« Il était toujours en tête de nos petits tumultes
« scolaires ou de nos batailles simulées.

« La dominante de son caractère était un
« extraordinaire : « en avant ! »

On le destinait à la carrière paternelle par une
préparation à l'Ecole polytechnique ; une grande
et longue maladie survint la veille des examens
d'admission ; sa carrière fut brisée.

Après deux années de repos forcé, il se rendit en
Italie.

Ce premier voyage fut banal et vide ; mais la
vue de tant d'œuvres d'art lui ouvrit un horizon
nouveau et il entra, au retour, dans l'atelier
d'Henri SCHEFFER, le frère d'Ary.

Puvis y travaillait surtout en amateur.

Henri n'enseigna pas grand'chose à son élève
intermittent, mais ce dernier garda de son séjour
chez le peintre, auteur de la *Charlotte Corday* du
Louvre, l'exemple du respect de l'art et des nobles
ambitions.

L'Italie tentait encore Puvis de Chavannes..

Il partit donc à nouveau en compagnie d'un
camarade, BEAUDERON DE VERMERON, qui faisait
aussi de la peinture et joignait à l'amour très vif
de sa profession un sens critique vivement déve-
loppé.

Ce voyage dura plus d'un an et fixa la vocation
artistique de Puvis.

Il rentra à Paris, désireux d'apprendre sérieusement le métier dont il avait à peine l'intuition.

BEAUDERON le conduisit chez DELACROIX qu'il connaissait.

Quinze jours après l'entrée de Puvis, l'atelier se fermait, Delacroix s'énervant à voir l'irrégularité de ses élèves.

L'atelier de COUTURE, le péintre de l'*Orgie romaine*, recueillit cet élève vagabond qui ne fit encore là qu'un stage de trois mois.

A sa sortie de chez Couture, Puvis de Chavannes loua un gymnase orthopédique où il travailla en cénobite durant trois ans.

L'année 1852 fut celle de son installation dans l'atelier de la place Pigalle qu'il ne quittera plus.

Il y organisa une Académie pour un groupe de camarades, entre autres BIDA et PICARD, désireux, comme lui, d'étudier chaque jour d'après le modèle vivant.

Ces jeunes gens, unis par les liens d'une amitié profonde, s'enseignaient mutuellement au cours de ces séances d'atelier et dans les longues conversations sur l'art qui les suivaient.

A ce groupe vint se joindre fréquemment POLLET, le graveur, artiste de grande valeur.

Ses conseils et ses encouragements éclairés furent précieux pour le jeune peintre qu'il ne cessa d'ailleurs, pendant la période des luttes douloureuses, de soutenir énergiquement d'une approbation publique, chaleureuse, à laquelle son talent et son titre d'ancien élève de l'Académie de France à Rome donnaient de l'autorité.

Puvis de Chavannes est un des artistes contemporains qui paraissent le plus mêlés au mouvement littéraire : les grandes questions de son temps lui sont familières ; il est au courant des œuvres historiques, des romans, des nouvelles, des pièces de théâtre ; la musique lui plaît comme une distraction élevée, et cependant il y a en lui une absence complète de toute passion intellectuelle qui n'est pas celle de la peinture.

De bonne heure, comme tous les vrais artistes, Puvis de Chavannes a compris que la pratique de l'art n'est pas une partie de plaisir, mais une fonction sociale, sérieuse, grave, difficile à remplir, qui fait de la vie toute de sacrifices, de renoncements, de labeurs, un combat perpétuel. Cette pratique de l'art, il l'apprendra « avec les dents » suivant le mot superbe de Bernard Palissy, le célèbre potier et émailleur qui, certes, prêcha d'exemple puisque l'histoire rapporte que, durant seize ans, il brûla parfois jusqu'à ses meubles pour alimenter ses fourneaux et arriver enfin à faire des émaux dans le genre des Italiens.

Puvis de Chavannes exposa pour la première fois au Salon de 1850 ; mais, en 1852, il fut refusé, ainsi que les deux années suivantes.

Nullement découragé par tant d'échecs successifs, résolu, au contraire, à affirmer ses idées qu'il croit bonnes et utiles, l'artiste prend part à une exposition privée organisée aux Galeries Bonne-Nouvelle ; le public y alla ; mais on riait devant les tableaux de Puvis de Chavannes aussi bruyamment que devant ceux de Courbet compris dans la même catégorie des refusés.

L'ostracisme dura neuf ans. Les victimes habituelles de l'Académie, pendant cette période, étaient : DELACROIX, BARYE, TROYON, DIAZ, MILLET, COROT.

Qui se souvient aujourd'hui des noms de ceux qui les expulsaient ? Personne.

Ces années furent fécondes pour Puvis.

En travaillant pour lui seul, n'ayant à subir aucune critique publique, il pouvait poursuivre la réalisation de ses théories et *se créer une personnalité*.

Quand il rentra au Salon de 1861 avec ses deux tableaux, *la Paix* et *la Guerre*, il s'imposa si hautement que, en dépit des haines persistantes, le jury, qui le refusait la veille, dut lui accorder une médaille de deuxième classe.

L'État fit l'acquisition du premier de ces tableaux 6.000 francs. L'artiste ne voulant pas céder l'un sans l'autre, puisqu'ils se complétaient, fit don de *la Guerre*.

Pour représenter *la Paix*, Puvis dessine une fraîche vallée entourée de hautes montagnes qui la protègent contre la bise et contre le soleil ardent.

Des guerriers se reposent.

Un groupe, au pied d'un laurier rose en fleurs, cause avec des paysans des bienfaits de la paix qui va les rendre à leurs joies, à leurs travaux, et de

Concordia.

la concorde qui unit les défenseurs et les nourriciers de la Patrie.

Des femmes offrent des fruits dans des corbeilles.

Là, on trait une chèvre.

Ici, on verse une amphore pleine de vin pour désaltérer ceux qui ont soif.

Une superbe créature vue de dos prend, dans un beau geste d'une grâce onduleuse une corbeille de fruits des mains d'un jeune homme assis au bord d'un ruisseau.

A droite, une jeune fille passe l'eau sur un petit gué de roches.

A gauche, un guerrier songeur est accroupi, ses armes inutiles éparses à ses pieds.

D'autres habitants de la vallée accourent en toute hâte pour apporter d'abondantes provisions.

Bellum.

C'est à qui fera agréer ses présents par les guerriers.

Au deuxième plan, dans une vaste clairière des guerriers jeunes et vigoureux luttent de vitesse avec d'habiles cavaliers.

Des colombes volètent du laurier-rose aux yeuses et aux ormeaux pour prendre leur part du festin champêtre.

Tout est expansion de joie et de vie. On ne peut imaginer vision plus douce et plus envahissante.

Voici le deuxième des tableaux présenté au Salon de 1861, *la Guerre*.

Le groupe principal montre moins l'action elle-même, tumultueuse et horrible, que le but qui en explique, s'il n'en est légitime, les atrocités et le sang.

Les guerriers à cheval sonnent à tous les coins de l'horizon, les fanfares de la victoire.

Par opposition :

Le vieux père se lamente et l'aïeule crie ses imprécations devant le cadavre de celui qui est mort pour les défendre, prenant le Ciel à témoin de leur malheur et de ce crime.

Le paysan, attaché par terre à un pieu, injurie ses vainqueurs.

Trois captives nues se pressent avec effroi l'une contre l'autre ; liées à un tronc d'arbre brisé derrière lequel des bœufs affolés poussent de longs beuglements.

Au loin, à gauche, d'autres groupes douloureux.

A l'arrière-plan, dans la pénombre d'un ciel de crépuscule embrumé par les fumées de l'incendie qui brûle les fermes, on devine des scènes de pillage et de tuerie, et de lointains cavaliers passent avec rapidité.

Puvis de Chavannes a obéi instinctivement à cette idée de profonde philosophie, à ce sentiment de délicatesse qui, dans l'antiquité grecque, faisait toujours choisir aux artistes le moment psychologique, soit avant, soit après l'événement héroïque, moment où la figure humaine devait revêtir toute sa beauté, sous l'exaltation d'un projet, ou la réalisation d'un acte, de nature à mettre en jeu toutes les facultés d'audace, d'énergie et de vigueur.

Malgré les témoignages d'approbation officielle donnés à ces deux tableaux, *la Paix* et *la Guerre*, les adversaires implacables de Puvis de Chavannes ne désarmèrent pas.

Les coups partaient de tous les camps artistiques : les réalistes ligués avec les mystiques, les académiciens avec les indépendants, Charles BLANC près de TIMBALE, CASTAGNARY aux côtés d'ABOUT.

Seuls, quelques écrivains le défendent et l'encouragent : DELECLUZE, GAUTIER, Paul DE SAINT-VICTOR, Théodore DE BANVILLE.

La puissance de Puvis de Chavannes fut de ne point devenir un révolté, mais de continuer son œuvre *imperturbablement, sans faiblesse ni hésitation, étouffant*, du même effort énergique, ses propres découragements et les résistances extérieures, *s'imposant* au public au lieu de le *subir*, résolu à *être lui-même, par lui-même jusqu'au bout* et à durer dans l'impassibilité apparente d'un homme assuré de réussir parce qu'il a pour lui la logique, le bon sens et la vérité.

Il sera *un des plus beaux exemples* de la *force invincible* de *l'idée*.

MUSÉE D'AMIENS.

Nous arrivons à la décoration du Musée d'Amiens.
Le Musée s'achevait ; l'architecte DIET voulut

couvrir une partie des vastes surfaces encore nues avec les peintures de Puvis de Chavannes exposées au Salon de 1861, *la Paix* et *la Guerre*.

Mais l'artiste répondit qu'elles appartenaient à l'Etat.

Cependant, l'Etat, n'en ayant pas encore tiré parti, les accorda au Musée de Picardie.

Mises en place dans la Grande Galerie du premier étage, elles produisirent un effet superbe.

Puvis de Chavannes enchanté offrit de compléter la décoration en peignant sur les entre-croisées, face aux grandes compositions, quatre panneaux en hauteur correspondant à chaque sujet : *un Porte-Etendard — une Femme pleurant sur les ruines de sa maison — une Fileuse — un Mois-sonneur*.

Quelque temps après, l'architecte Diet revenait voir le peintre et lui demandait deux peintures murales pour l'escalier monumental du Musée.

Puvis de Chavannes lui répondit, en lui montrant, roulées dans un coin de son atelier, deux immenses toiles, ses peintures du dernier Salon : *le Travail* et *le Repos*.

Elles étaient de mêmes dimensions que *la Paix* et *la Guerre* ; il les avait exécutées pour leur faire suite.

La Municipalité d'Amiens n'ayant pas d'argent pour les payer, le peintre en fit don.

L'allégorisation la plus expressive du « Travail » est dans la pensée de l'artiste : le Labourage, la Charpenterie et le métier de Forgeron.

Ce dernier paraît être de tous celui où le travail manuel atteint une telle expression de grandeur et de puissance qu'il semble que sa pratique soit la plus belle forme de l'intelligence et de la virilité.

Le Travail.

« Si je n'étais peintre, disait un jour Puvis de « Chavannes à Henri Havard, j'aurais voulu être « forgeron. »

Le Travail. — Près d'une forêt, sur un tertre qui domine le rivage de la mer, bien en évidence, car le métier est fier, on a établi une forge.

Une ancre vient d'être achevée ; cinq compagnons, superbes de mâle beauté, rangés autour d'une enclume, marteaux et tenailles en mains, vont forger une nouvelle pièce.

Deux autres attisent le foyer où rougit et s'amollit le fer.

Non loin, sur le premier plan, deux charpentiers équarrissent des troncs d'arbres.

L'un d'eux montre le chemin de la mer à une femme de cordier qui porte un câble à l'équipage d'un bateau.

Au bas du tertre, un paysan conduit une charrue que tirent péniblement deux grands bœufs.

Une jeune femme à laquelle sa vieille mère présente son enfant nouveau-né figure la Maternité.

Le Repos. — Un vieillard, las d'une longue route, assis au pied d'un arbre, conte le passé à ceux qui sont le présent.

Des jeunes gens, des jeunes femmes ont quitté leurs travaux rustiques pour l'entendre. De petits enfants jouent sur l'herbe, ils représentent l'avenir; c'est ainsi que Puvis de Chavannes symbolise le Repos.

Le Repos.

Du haut de la colline verdoyante, mise comme fond de paysage à la composition, de grands troupeaux de moutons descendent vers la rivière pour s'y désaltérer.

Il faut remarquer en face du conteur l'homme aux bras croisés, les pieds fortement fixés au sol, le corps ramassé sous l'attention, le front plissé, tous les muscles tendus, qui participe, en pensée, à l'action racontée.

Ces deux personnages sont d'une grandeur épique.

Le dessin est décidé, franc, vigoureux, expressif.

Lorsque les deux compositions, *le Travail* et *le Repos*, furent marouflées sur les parois de l'escalier du Musée et encadrées d'une bordure de fleurs et de fruits, elles obtinrent un tel succès que les Administrateurs de la ville d'Amiens commandèrent à Puvis de Chavannes une nouvelle toile destinée au palier supérieur de cet escalier entre les portes de la Grande Galerie.

L'artiste se mit aussitôt à l'œuvre et il exposait au Salon de 1865 la magistrale composition : *Ave, Picardia Nutrix.*

C'est l'allégorie de la fécondité de cette belle province de France : la Picardie.

Le peintre a représenté le peuple picard sous son expression d'activité physique, ayant pour but de mettre en œuvre les richesses du sol et des eaux.

Au milieu d'un dessin d'une profonde architecture de lignes et de couleurs, l'artiste groupe trente-trois figures dont les gestes, l'attitude et l'action répondent avec précision au développe-

Ave, Picardia nutrix (côté gauche).

ment de toutes les parties de ce thème d'une simplicité grandiose.

Dans le verger d'une vaste ferme des paysans tournent le moulin à blé sous un abri de chaume.

Des femmes apportent des pommes pour une cuvée de cidre et les passent à un jeune paysan perché sur son échelle courte appuyée contre une haute cuve de bois cerclé.

Des maçons construisent un mur de maison, au fond d'un pré, où paissent des moutons.

Une vieille femme file à sa quenouille le chanvre du pays.

Sur les bords d'une rivière des femmes tissent des filets de pêche, d'autres se baignent à l'ombre des saules.

Des charpentiers bâtissent un pont.

Ave, Picardia nutrix (détail).

Des bateliers conduisent de lourds bateaux.

Ajoutons à ces travaux professionnels les incidents de la vie journalière qui continuent autour de tout cela, incidents gracieux, pittoresques, touchants : l'enfant guidé par sa mère, qui veut, en portant sur sa tête une lourde corbeille de fruits, montrer sa force aux vieux parents, la mère qui nourrit son nouveau-né.

La composition est ainsi abondamment suggestive de sensations délicates ; elle décore magnifiquement l'édifice.

Cette peinture attestait une évolution imprévue

du décorateur, une conception artistique nouvelle, originale, preuve incontestable d'une rare puissance de tempérament.

Aux sujets de temps et de milieu indéterminé, tels que : *la Guerre* et *la Paix*, *le Travail* et *le Repos*, l'artiste a substitué celui de la représentation de la synthèse d'une race nationale.

Ave, Picardia Nutrix, nous l'avons vu, c'est l'allégorie de la fécondité de la Picardie. Que ne donne-t-elle pas comme blé, cidre, chanvre, lin et poisson de rivière...

En 1879, la ville d'Amiens songea à compléter la décoration du Musée par une peinture qui occuperait toute la paroi faisant face au vestibule d'honneur.

La Municipalité s'adressa de nouveau à l'Etat pour obtenir son concours ; elle éprouva un refus.

Désespérance de Puvis de Chavannes qui décide alors d'entreprendre le carton à ses frais et il expose au Salon de 1881 le *Ludus pro Patria*.

L'œuvre produisit une vive émotion.

L'Etat fit l'acquisition du *Ludus pro Patria* et commanda pour le Musée de Picardie la peinture qui valut à Puvis la médaille d'honneur de la Société des Artistes français, au Salon de l'année suivante.

Une inspiration nouvelle apporte à l'œuvre de la décoration du Musée de Picardie un caractère plus élevé.

Elle en fait le couronnement d'une série d'idées qui, en se développant dans leur ordre naturel, ont pris constamment une portée morale supérieure.

Cette inspiration est celle du Patriotisme.

Etudions le détail.

Pro Patria Ludus. — Sur les bords d'une rivière qui coule avec lenteur entre les chaumières, les bouquets de frênes et de peupliers, dans un vaste paysage de bois, de champs de blé et de prairies, le village en fête est assemblé.

Au centre, les hommes s'exercent au jeu de la lance.

Ce sont de jeunes hommes blonds au corps mince, élancé, aux muscles serrés, aux membres souples et nerveux, aux visages graves et réfléchis.

A droite, un groupe suit avec intérêt les péripéties de la lutte.

Le juge est un vieillard, d'allure homérique, assis sur un tertre, près d'un tronc d'ormeau qui sert de but.

Un enfant tenant une pomme joue entre ses genoux, tandis que, derrière lui, une fillette se pend à son cou en un geste caressant.

Une jeune femme, un marmot au bras, suit le jeu.

En arrière, une petite scène de famille : une jeune mère présente à son époux, penché vers elle, un enfant ouvrant ses petits bras.

Debout, devant des huttes gauloises, des hommes

et des enfants regardent ces jeux d'adresse ;
d'autres se reposent.

Pro Patria Ludus (détail).

Pro Patria Ludus (détail).

Pendant ce temps, les femmes préparent le
festin rustique qui succédera aux jeux : l'une
puise de l'eau, l'autre enfourne le pain, une troi-

sième joue avec son enfant. En arrière, un vieillard causant avec une jeune fille semble préparer sa

Pro Patria Ludus (détail).

Pro Patria Ludus (détail).

flûte pour conduire la danse. Une vieille femme assise dans un coin regarde pitoyablement l'enfant dont la cruche de lait vient d'être brisée.

C'est tout, et cela suffit pour constituer une composition qui emplit les yeux et l'esprit d'une superbe vision d'humanité.

Le *Ludus pro Patria* est d'une infinie séduction. Il constitue une œuvre très belle par la pensée et par la forme d'art.

La décoration du Musée de Picardie honore son auteur et notre pays.

PALAIS DE LONGCHAMP DE MARSEILLE.

L'œuvre d'Amiens avait attiré l'attention du public et des administrateurs sur Puvis de Chavannes et, lorsque le Palais de Longchamp de Marseille fut achevé en 1867, la Municipalité lui commanda deux peintures murales pour l'escalier d'honneur.

Nous les voyons à droite et à gauche du double escalier du Musée des Beaux-Arts conduisant du rez-de-chaussée au premier étage et nous y retrouvons le caractère de synthèse dont l'auteur a fait son dogme artistique.

Marseille domine la région dont elle est la métropole par ses *nombreux siècles de gloire* et de richesse.

C'est à l'allégorisation de cette gloire et de cette richesse que l'artiste consacrera les compositions qu'il doit exécuter.

Marseille, colonie grecque. — Un immense pano-

rama ensoleillé montre tout ce qui sera la ville
antique et la ville moderne, de la colline, berceau
de la première, à la plage du Prado, au cap d'En-

Marseille, colonie grecque.

doume et aux îles Pelées, d'If, de Pomègue et
de Ratonneau.

Au fond s'étale la rade aux eaux bleues qui
deviendra, avec la marche des siècles, le grand port
de la Méditerranée.

Sur la plage, centre de l'activité, on construit
des navires ; des bêtes de somme transportent des
marchandises à bord des barques et des bateaux.

La côte se garnit avec rapidité de constructions :
magasins, entrepôts, temples, palais, villas.

On ne voit que maçons, charpentiers et tailleurs
de pierre dans les champs d'amandiers et d'oliviers
en fleurs.

. Sur la terrasse d'une maison, une marchande fait admirer des colliers de perles et des tissus brodés.

Des pêcheuses accroupies près de la première marche attendent en causant de pouvoir offrir des poissons que deux enfants admirent avec étonnement pour leur vivacité et leurs ravissantes couleurs.

Des esclaves montent de la mer vers les habitations ; ils portent des jarres d'huile et des amphores pleines de vin.

Puvis de Chavannes a donc mis en scène des personnages dont l'action collective caractérise essentiellement le génie de la future cité, l'audace, l'activité, le sentiment du commerce.

Marseille, porte de l'Orient. — Ce sera un navire venant de Smyrne, de Stamboul, d'Alexandrie ou de Rhodes ; il se dirige vers le port.

Le port est garni de voyageurs de toute nationalité et de tout rang.

Une famille de riches Persans occupe le premier plan de la scène.

Deux femmes de grande beauté sont accroupies sur des tapis d'Orient. Des enfants et une gazelle jouent ensemble.

Les hommes regardent les matelots amenant le pavillon ottoman qui va remplacer le pavillon français.

Ailleurs, on prépare le débarquement des marchandises.

Sur la dunette, des passagers contemplent
curieusement le spectacle de la rade et cherchent
avec des longues vues à reconnaître les monu-
ments, les phares et les fortifications qui profilent

Marseille, porte de l'Orient.

leurs masses lointaines dans l'embrasement du
soleil couchant.

Les Marseillais furent enthousiasmés de la
manière dont Puvis de Chavannes avait peint la
gloire de leur cité dans *Marseille, colonie grecque*, et
sa lumière dans *Marseille, porte de l'Orient.*
Un long applaudissement éclata dans la foule,
lorsque du haut de l'escalier d'honneur on décou-
vrit les deux toiles que l'artiste avait si magnifiquement décorées.

Hôtel de Ville de Poitiers.

En 1872, Puvis de Chavannes avait reçu la
commande de la décoration de l'Hôtel de Ville
de Poitiers que cette ville venait de faire construire.

L'artiste avait accepté ; il choisit pour sujets :
*Radegonde, retirée au couvent de Sainte-Croix,
donne asile aux poètes et protège les lettres contre
la barbarie du temps.*

*Charles Martel, l'an 732, sauve la chrétienté par
sa victoire de Poitiers sur les Sarrazins.*

Radegonde était fille de Berthaire, avant-
dernier roi des Thuringiens.

Elle échut comme butin de guerre, à l'âge de
treize ans, à Clotaire, roi de Neustrie.

Celui-ci, ravi de la beauté et de l'intelligence
de la jeune captive, la fit élever princièrement.

L'éducation qu'elle reçut était celle des riches
Gauloises, partagées entre les exercices du corps,
les études latines et grecques, profanes et sacrées.

La jeune fille avait tenu les promesses de
l'enfant ; Clotaire l'épousa.

Mais la vie commune avec le roi barbare lui
devint vite insupportable.

Aux festins ensanglantés par l'ivresse des
convives, aux chasses dangereuses contre les
fauves, aux fêtes militaires dégénérant prompte-
ment en véritables combats, elle préfère les entre-
tiens avec les poètes que la générosité du roi attire

à la cour, les visites aux pauvres, aux malades, aux orphelins.

Elle fait un hospice de son palais.

« C'est une nonne que j'ai épousée et non une « reine », répète à ses compagnons d'orgie le guerrier farouche qui n'en aime que plus son épouse et la poursuit dans tous les couvents où elle se réfugie pour lui échapper.

La pauvre reine obtient enfin d'habiter Poitiers.

Elle y fonde l'abbaye de Sainte-Croix.

Mais ce couvent, installé dans une vaste habitation à la romaine avec des jardins, des portiques et des salles de bains, était plutôt une maison de retraite qu'un monastère.

L'étude des lettres figure au premier rang des occupations quotidiennes imposées aux religieuses entre les exercices de piété ; les unes filent, cousent ou brodent, d'autres copient des manuscrits, jardinent et cultivent des fleurs.

C'est le cloître de ce couvent pittoresque que le peintre prendra pour cadre de sa composition

Fortunat, poète latin, qui parcourt la Gaule, arrive à Poitiers.

Sa première visite est pour Sainte-Croix.

La religieuse, morte au monde mais non à la vie intellectuelle, accueille le voyageur avec la grâce de la reine.

Fortunat ne devait s'arrêter que quelques jours dans cette ville avant de regagner son pays natal, la Lombardie. Il resta vingt ans à Poitiers et mourut évêque des Pictons.

Le poète était devenu l'hôte de cette noble

Cloître de Poitiers.

femme qui lui inspira un amour chaste et délicat, que trahissent à chaque ligne ses lettres et ses poésies.

Le monastère fondé, Radegonde, par humilité, n'en avait pas voulu conserver la direction ; elle éleva à la dignité d'abbesse une jeune fille de grande vertu et de noble intelligence : Agnès.

Par les chauds après-midi d'été, on recevait le poète avec ses amis dans le cloître plein de fraîcheur, orné de tentures; il y déclamait ses nouveaux poèmes.

L'artiste a représenté l'une de ces fêtes spirituelles.

Au poète latin, dont l'esprit ingénieux éveillait aux joies de l'intelligence, au plaisir du raffinement de la pensée et de l'élégance de la forme, cette âme tendre du Nord, Puvis de Chavannes a eu l'exquise inspiration de donner comme auditeur, sinon comme juge, un autre poète qui a été de notre temps l'incarnation de cette élégance et de ce raffinement : Théophile Gautier.

Quelques mauvais plaisants baptisèrent cette toile : « Apothéose de Théophile Gautier »; laissons-les dire et constatons que, dans cette œuvre d'art, consacrée tout entière à la poésie, se relient le passé et le présent.

Charles Martel à Poitiers. — Les Sarrazins venaient de piller Bordeaux et s'avançaient vers la Loire ayant à leur tête Abderham auquel la victoire avait toujours été fidèle.

Il fallait lui opposer une nombreuse et vaillante armée.

Charles Martel n'hésita pas.

Il dépouilla le clergé pour enrichir les guerriers, marcha droit aux Sarrazins qu'il rencontra à Vouillé (732), près de Poitiers, et les vainquit après un combat d'une journée.

Puvis de Chavannes peignit Charles Martel rentrant à Poitiers après cette victoire.

C'est l'ovation des évêques et de la foule. C'est

Charles Martel.
(Phot. Roux.)

l'attitude angoissée de quelques prisonniers ignorant le sort qui leur est réservé.

LE PANTHÉON.

En suivant par ordre chronologique la carrière artistique de Puvis de Chavannes, nous trouvons à la date 1874 la commande de fresques qu'il exécuta au Panthéon.

Les peintures du Panthéon ont été la première réalisation du patriotique projet de décoration d'un grand monument national que le Gouvernement adoptait au lendemain des terribles événements de la guerre de 1870 et de la Commune, dans le but d'affirmer fièrement l'immortalité du génie artistique de notre pays.

L'exécution de ce travail fut troublée pour l'artiste par de justes inquiétudes.

La situation politique était instable et la position du directeur, le marquis de Chenevières, très ébranlée.

Le projet était attaqué à la fois par les radicaux qui le trouvaient trop clérical et par les cléricaux comme insuffisamment religieux.

« A chaque jour suffit sa peine, disait Puvis de
« Chavannes, en poursuivant sa tâche, mettons
« des œillères, et en avant. »

Il y consacra quatre années d'un travail incessant.

Dès que la composition, divisée en quatre panneaux avec frise, fut exposée dans son milieu définitif, en 1877, elle lui conquit la popularité.

Ces fresques sont un enchantement des yeux et de l'esprit.

Par la beauté, par la grâce et par la simplicité, *l'Enfance de sainte Geneviève* évoque immédiatement le souvenir des fresques des grands peintres de la Renaissance florentine.

La genèse de l'œuvre de Puvis de Chavannes est tout entière dans cette noble inspiration d'associer le Patriotisme et la Religion qui n'ont

L'Enfance de Sainte Geneviève.
(Phot. Bulloz.)

été si souvent qu'un même sentiment national, source des actes sublimes de foi et d'héroïsme qu'on définissait jadis : *Gesta Dei per Francos.*

Avant de peindre son polyptyque du Panthéon, Puvis de Chavannes s'est rendu un jour dans la plaine de Nanterre pour s'en mettre dans les yeux l'atmosphère et le paysage ; il a observé avec soin la perspective, par rapport à la Seine, du Mont Valérien qu'il rêvait de prendre comme fond.

Puis il est revenu s'enfermer dans son atelier de Neuilly ne demandant qu'à la représentation sévère et fidèle de l'humanité, d'après le modèle, le secret de la vie dont son œuvre est remplie·

Geneviève en prières. — Tandis que ses agneaux paissent sous la protection d'invisibles gardiens, la jeune sainte drapée dans sa longue robe blanche, agenouillée au pied d'une grossière croix de bois, est perdue dans la prière.

Pour rendre le rayonnement surnaturel qui enveloppe la candide enfant, le peintre n'a pas eu recours aux artifices ordinaires des auréoles, il l'a exprimé dans l'attitude des autres personnages.

Au premier plan, un ménage de paysans s'est arrêté avec une respectueuse admiration ; l'homme a posé son fagot à terre et s'est découvert, tout en courbant le front.

Au fond, un laboureur a laissé sa charrue et ses bœufs et ne peut s'arracher à cette émouvante contemplation.

Village de Nanterre. — Ce panneau représente le village de Nanterre au moment du passage de saint Germain d'Auxerre et de saint Loup de Troyes se rendant en Angleterre pour combattre l'hérésie de Pélage.

D'une part, le char épiscopal est arrêté et son

conducteur s'appuie nonchalamment aux croupes des mules.

Au premier plan, des femmes en grande hâte

Le Village de Nanterre.

traient une vache pour offrir une écuelle de lait aux évêques fatigués vers lesquels s'avance, gravement, à petits pas, une fillette portant un bébé dans ses bras.

Une plus petite la suit jetant du grain aux poules.

Au fond, respectueux, n'osant approcher, s'agenouillent des potiers quittant leur travail.

Les parents d'un malade le sortent précipitamment de sa maison pour le présenter aux évêques dans l'espérance d'un miracle.

Rencontre de Saint Germain
et de Sainte Geneviève enfant.

Des mariniers s'approchent le plus possible du bord, pour ne rien perdre de ce touchant spectacle.

Rencontre de saint Germain et de sainte Geneviève. — Ici, tous les yeux sont tournés avec curiosité vers la scène centrale.

Dans un groupe respectueux, parmi des femmes agenouillées, la petite sainte est debout en sa robe blanche, les cheveux dénoués sur les épaules.

Elle lève la tête et répond sans effroi et sans trouble aux questions que lui pose saint Germain qui, la main droite placée sur la tête de l'enfant, drapé dans sa dalmatique, retenant du bras gauche sa crosse épiscopale, incline vers la petite fille un splendide profil, d'un admirable et puissant modelé.

Derrière l'enfant, les parents étonnés et recueillis écoutent avec une anxiété joyeuse la haute destinée que le saint prophétise à leur fille.

Le front de l'homme se courbe et les mains de la femme se joignent dans l'expression de la reconnaissance envers Dieu.

La curiosité et l'étonnement de ces âmes simples et primitives se peignent sur les visages ; les mères n'oublient pas cependant de présenter leurs enfants aux mains bénissantes des évêques.

Au-dessus des quatre panneaux de l'enfance de sainte Geneviève court une frise qui en est le complément décoratif.

Si le sujet ne s'y rapporte qu'indirectement, il sert pour ainsi dire de préface au polyptyque.

Cette frise est divisée également en quatre parties : la première correspond à la composition de *sainte Geneviève en prières*.

La Foi, l'Espérance et la Charité veillent auprès

du berceau dans lequel est couchée l'enfant prédestinée qui, par son patriotisme, aura la gloire de devenir la Patronne de Paris.

Les trois autres contiennent la théorie des saints légendaires de la France : *saint Paterne de Vannes — saint Clément de Metz — saint Firmin d'Amiens — saint Lucien* ou *saint Victor de Beauvais.*

Suivant la tradition artistique, le peintre a fait des figures de la plupart de ces personnages des portraits de contemporains :

Saint Paterne de Vannes est Élie DELAUNAY ;

Saint Lucien de Beauvais est Victor DURANGES ;

Saint Martial de Limoges est POLLET le graveur ;

Saint Trophime d'Arles, qui donne son bâton pastoral à saint Paul de Narbonne, partant pour remplir son apostolat et qui lui frappe amicalement sur l'épaule, symbolise le directeur des Beaux-Arts, Philippe DE CHENNEVIÈRE, remettant à Puvis de Chavannes la commande de ses peintures pour le Panthéon.

« Vérité, simplicité, noblesse, tout le grand art
« est là, concluait Georges LAFENESTRE en admi-
« rant les fresques de sainte Geneviève, et il faut
« être bien entêté ou bien aveugle, ajoutait-il,
« pour ne pas comprendre ces trois qualités maî-
« tresses dans le talent rare de Puvis de Chavannes
« arrivé aujourd'hui à son entier développement. »

Jules CLARETIE, qui avait déjà pris parti pour l'artiste en 1874, est définitivement conquis cette fois et déclare que l'œuvre mérite la médaille d'honneur.

« Il y a là, dit-il excellemment, un sentiment
« de l'ordonnance, une poésie dans les lignes, une
« séduction dans la sévérité de ces silhouettes se
« détachant sur des horizons attirants, sur des
« lointains pleins d'air ; il y a une telle lumière, un
« tel charme dans les vides mêmes de ces vastes
« compositions, que l'on songe aussitôt à quelque
« symphonie admirable et complète. »

On pourrait multiplier ces citations à l'infini, actes de justice rendus à un succès durement et loyalement acquis.

Puvis de Chavannes avait alors dépassé la cinquantaine et, depuis plus de quinze ans, il poursuivait sa voie, sans dévier d'une ligne, malgré les conseils ou les sarcasmes.

Plus tard, il devait avoir l'immense joie de reprendre le sujet de sainte Geneviève pour le Panthéon ; il nous la montrera ravitaillant Paris et veillant sur Paris.

PORTRAIT DE PUVIS DE CHAVANNES.

Toujours, en suivant l'ordre chronologique, nous pouvons placer ici le portrait de Puvis de Chavannes à cinquante-cinq ans.

Il se peignit lui-même pour la Galerie des Uffizi à Florence.

Voici l'appréciation textuelle qu'on en donna :

« C'est dans ces yeux, au regard clair et ferme,
« que surgirent les belles visions apaisantes et
« lumineuses qui restaurèrent dans l'art français
« l'empire de l'idéalisme.

Puvis de Chavannes, par lui-même.

« C'est dans ce front, haut et pur, siège d'une
« volonté saine et intacte, d'une pensée maîtresse
« d'elle-même et tranquillement créatrice, qu'elles
« s'organisèrent lentement.

« Rien d'ailleurs dans l'accoutrement, l'atti-
« tude et le décor qui trahisse l'artiste et le peintre.

« Sa tenue est celle de l'homme du monde correct
« et un peu « distant », droit, souple, svelte dans
« sa redingote serrée avec cette significative rai-
« deur aux entournures qu'il a souvent donnée à
« ses figures idéales.

« Ce portrait est vibrant : le maître est là tout
« entier... »

PALAIS DES ARTS DE LYON.

En 1883, la Municipalité de Lyon commanda
à Puvis de Chavannes la décoration du grand
escalier du Palais des Arts dans l'édifice de la
place des Terreaux.

Fidèle à son système, l'artiste étudia la consti-
tution de ce Palais.

Il renferme une bibliothèque et des Musées
divers.

Le Musée d'antiquités, un des plus précieux de
France, contient la fameuse *Table de Bronze* de
l'Empereur Claude, l'*Aphrodite à la colombe*, la
Mosaïque d'Orphée.

Des fragements de temples et de palais évoquent
à l'imagination du public la grandeur et la puissance de ce Lugdunum qui, par son rôle politique
et sa mission civilisatrice, fut la Rome de la Gaule.

Les eaux du Rhône le traversent ; elles baignent
encore Vienne, Orange, Arles, cités d'artistes et
de poètes, ensoleillées, joyeuses, aux femmes
belles comme les Caryatides de l'Erechteion.

L'artiste peindra :

Vision antique — Inspiration chrétienne — le Bois Sacré.

« *Le Bois Sacré, cher aux Arts et aux Muses,*
« expliquait Puvis de Chavannes dans son livret
« de 1886, était la composition génératrice des
« deux autres sujets ;
« *Vision antique* et *Inspiration chrétienne ;*
« l'art étant compris entre ces deux termes, dont
« l'un évoque l'*idée* de la *forme* et l'autre l'*idée*
« du *sentiment.* »

Un quatrième panneau représente *le Rhône et la Saône* symbolisant la Force et la Grâce.

Dans son ensemble du Musée de Lyon, l'artiste résumait donc toute sa conception de l'art.

Le Bois Sacré. — Un grand lac y reflète un ciel d'or dont une mince bande paraît seule au-dessus d'une ligne de montagnes d'un bleu violacé qui ferme l'horizon.

Entre ces deux notes largement vibrantes du bleu des montagnes et des eaux dorées du lac, des prairies s'étendent en pentes douces, constellées de fleurs rares, narcisses jaunes et blancs, d'arbres aux troncs droits et grêles, yeuses, pins, chênes et lauriers-roses.

Au fond de la vallée s'enfoncent les frondaisons plus sombres d'un bois épais.

Dans un bois d'oliviers, près d'un portique de

marbre, mémorial de quelque haut fait d'histoire,
ou fantaisie de décoration architecturale, Calliope,
la Muse de l'Eloquence et de la Poésie héroïque,

Le Bois Sacré cher aux Arts et aux Muses.
(Collection Sylvestre, Lyon.)

déclame à ses compagnes habituelles les vers
sonores d'une nouvelle épopée.

Polymnie, qui préside à la Rhétorique et qui
commençait à écrire sur des tablettes la première
strophe d'un de ses poèmes, se retourne pour
écouter.

Uranie, la muse de l'Astronomie, discute au pied
d'un arbre avec Melpomène, la muse de la Tragédie.

Erato, qui personnifie la poésie lyrique, médite
une Elégie.

Terpsichore, lasse, couchée sur l'herbe, rêve
languissamment.

Et dans le ciel, annonçant leur venue par des chants et par le son de la lyre, planent Euterpe et Thalie personnifiant la Musique et la Comédie.

A droite, un enfant cueille des feuilles de laurier, un autre en tresse des couronnes.

Souverain maître de sa pensée et de la forme qu'elle revêtira, le peintre n'utilise pas le sens symbolique des attributs et l'expression de la physionomie individuelle pour émouvoir, et même estime-t-il que son œuvre en deviendrait inférieure pour les vrais amoureux de l'Art et de la Beauté qui ne veulent admirer là que le charme de la couleur, les belles lignes des figures et des paysages produisant l'œuvre décorative rêvée par lui et désirée par eux.

Si une attention de galanterie artistique le pousse à sacrifier à la tradition en faisant une allusion directe à l'industrie lyonnaise par excellence, la décoration des tissus de soie, ce qu'il trouvera est l'idée la plus charmante dans sa délicate simplicité : un enfant s'amuse à disposer des bouquets de fleurs des champs dans les pans de la robe d'une Muse.

Les extrémités de cette peinture sont fâcheusement repliées sur la muraille à droite et à gauche ; c'est peut-être la seule œuvre de l'artiste qui ait perdu à la mise en place.

Elle fait face à l'escalier lorsqu'on s'apprête à en gravir la première rampe.

Pour en jouir, il faut arriver à la dernière marche et se retourner.

On peut alors la détailler en face de soi et l'on rencontre à gauche la *Vision antique*, à droite, l'*Inspiration chrétienne*.

La *Vision antique* est l'apparition de la poésie rythmée et des allures héroïques de la Grèce ancienne dans un paysage très délimité, un peu voilé par la brume d'un jour de chaleur.

La terre est partout percée par le roc ; des fleurs et des arbrisseaux croissent entre les pierres.

Un Temple, de courtes et justes proportions, est bâti sur le sommet.

Une mer bleue baigne les grèves et les caps ensoleillés.

Par une étonnante juxtaposition de tons simples, les fonds, les plans, les reliefs, la matière même des pierres sont montrés dans un air profond où le regard circule librement, va, vient, s'arrête et se perd.

Les femmes du premier plan ont les attitudes et les gestes des statues grecques.

Sur la gauche de l'ensemble, la première lutine une chèvre apprivoisée.

La deuxième regarde le jeu de sa compagne.

Une troisième, debout, dans l'attitude de la contemplation, semble ne pouvoir détacher ses yeux de cette nuit superbe.

Une quatrième apporte une cruche d'eau puisée dans la montagne.

Les deux dernières, assises ou à demi-étendues, reposent, mollement bercées par le chant des cigales.

Au bord de la mer Ionienne, passe un galop de

Vision antique.
(Collection Sylvestre, Lyon.)

cavaliers armés, un galop qui obéit à une cadence comme les chevaux et les hommes de marbre de la frise du Parthénon.

Une jeune femme debout sur la cime de la colline montre cette cavalcade joyeuse de jeunes hommes à Phidias, ardent à gravir les hauts sommets, en lui disant : « Vois là-bas ce que tu dois faire », la nature et la vie sont la source intarissable de l'Art et de la Poésie.

4

Les noms d'Hippolyte FLANDRIN, de Paul CHENAVARD, de Victor ORSEL, nous rappellent l'art lyonnais; ceux de Victor DE LAPRADE, Joséphin SOULARY, BALLANCHE, AMPÈRE, Frédéric OZANAM, sa littérature.

Pour symboliser la littérature et l'art lyonnais, Puvis de Chavannes peindra l'*Inspiration chrétienne*, antithèse de la *Vision antique*.

Dans le cloître d'un couvent, un moine décore la muraille d'une composition religieuse.

Les derniers feux du jour rosissent les Portiques.

Descendu de son échafaudage, sa palette d'une main, son pinceau de l'autre, il étudie l'effet d'une figure qu'il vient de peindre, accompagnant ses réflexions d'une prière.

Inspiration Chrétienne.
(Collection Sylvestre, Lyon.)

Nous apercevons déjà certains fragments achevés de son œuvre pieuse.

Un Christ, au jardin des Olives, repoussant de la main le calice de fiel apporté par trois chérubins.

A côté, le commencement d'une procession lente de bienheureux et de saintes nimbées d'or.

Derrière lui, trois jeunes hommes qui ont obtenu d'être ses élèves suivent avec une attention soutenue le travail du maître.

Au premier plan, le plus jeune classe dans un carton les dessins éparpillés sur une table qui porte un bouquet de fleurs de lis.

Du côté opposé du tableau sont trois religieux en robes blanches et capuchons noirs. Ils prient ou causent.

Par fraternité artistique, Puvis a donné à l'un des personnages les traits d'Hippolyte Flandrin.

Un autre religieux suspend une lampe au pied d'une Madone.

La *charité* est une *vertu lyonnaise* de *lointaine* et *immuable tradition*.

Le peintre l'allégorise *fort ingénieusement* dans la scène qui forme l'arrière-plan de la toile.

Le portail d'une cour s'est entr'ouvert devant quelques malheureux.

La nuit va tomber, c'est l'heure où les mendiants et les pauvres frappent à la porte du couvent.

Un moine, à genoux, panse les pieds ensanglantés d'un vagabond.

Un autre a pris dans ses bras l'enfant d'une

pauvre femme et le caresse de la voix et du regard pendant que la mère reçoit des provisions.

Le mur du cloître n'est pas si haut qu'on n'aperçoive un coin de la nature extérieure.

Un champ des morts triste et austère se voit au flanc d'une colline.

Quelques cyprès y dressent leurs cimes d'un vert immuable.

Au delà, des monts arides et, tout en haut, un ciel d'une verdeur maladive qu'argente le pâle croissant de la lune.

Rien ne viendra troubler dans le pieux monastère cette *paix de l'âme* qu'ont recherchée ses hôtes, cet *oubli* du *passé*, cette *contemplation* de l'avenir qui est le but de la vie monacale.

De chaque côté de la porte d'entrée des Galeries des Beaux-Arts, Puvis de Chavannes a peint *le Rhône* et *la Saône*.

Cette composition fut exposée avec les deux panneaux précédents au Salon de 1886.

L'allégorie ici n'est ni conventionnelle, ni banale.

Un robuste pêcheur, portant sur son épaule le lourd filet d'épervier, debout au pied d'un chêne dont les racines ont troué la roche, personnifie le fleuve impétueux dans sa course, terrible dans ses débordements.

Il a vu sur le bord de la rivière voisine, la Saône aux eaux calmes, une jeune femme qui vient de se baigner et qui sèche son corps aux rayons du soleil.

S'apprête-t-il à jeter son filet sur elle pour la captiver ? ou cette grâce si délicate paraît-elle à

Le Rhône et la Saône.
(Collection Sylvestre, Lyon.)

sa nature sauvage une mièvrerie de civilisation à mépriser ?

On ne sait !

Le maître les avait caractérisées dans le livret de 1886 comme représentant aussi la Force et la Grâce.

Le paysage, en particulier, est idéal, et toute la composition est d'un *charme* auquel personne ne résiste.

C'est que Puvis de Chavannes a aimé avec passion ce Rhône « qui se teinte des brumes

« argentées du ciel lyonnais, gaze légère, transpa-
« rente, voilant, sans la cacher, la froide beauté
« de la mystique et industrieuse cité. »

LA SORBONNE

Il s'en est fallu de peu que cette œuvre superbe
ne fût pas due au pinceau de Puvis de Chavannes.

Le prix de 35.000 francs offert pour ce travail
formidable était insuffisant.

Le sujet qu'imposait le monument, les Lettres,
les Sciences et les Arts, lui paraissait dénué de
toute suggestion d'une composition nouvelle et
originale.

Il ne le voyait pas et il venait d'en traiter un
semblable au Palais des Beaux-Arts de Lyon.

Toutes ces réflexions l'amenèrent à refuser la
proposition de l'Etat.

Il portait lui-même sa lettre de refus lorsque la
rencontre d'un ami aux Champs-Elysées eut un
heureux résultat.

Cet ami demandant à Puvis de revenir sur sa
décision et Puvis demeurant inflexible, il obtint,
au moins, que la lettre lui resterait confiée durant
trois jours, s'engageant à la rendre à la première
réquisition.

Le surlendemain, l'Administration des Beaux-
Arts recevait l'avis d'acceptation.

Puvis de Chavannes avait trouvé à la fois le *sujet*
et la *forme* de sa peinture de la Sorbonne.

Le reste ne lui importait plus.

Le maître n'a pas eu de collaborateurs pour son œuvre, il n'a pas modifié sa manière de travailler dans la solitude complète, sans faire à ses amis

La Sorbonne (partie centrale).
(Phot. Roux.)

intimes confidence de ses travaux ni de ses projets.

Cette vaste composition était destinée à décorer l'hémicycle du grand amphithéâtre de la Sorbonne, monument élevé aux Lettres, à la Science, à la Philosophie, à l'Histoire.

Elle est enfermée sous un ciel vibrant, d'une clarté étrange et douce, par une enceinte circulaire de forêts qui semble l'isoler de tous les tumultes humains ; on compte quarante-quatre personnages.

Au centre, sur un bloc de marbre, est assise une vierge laïque : c'est l'antique Sorbonne.

Elle préside aux travaux et aux études qui se

font dans cette institution d'enseignement public.

Elle régit, elle surveille tout ; aussi Puvis de Chavannes l'a-t-il placée en retrait de tous les groupes.

Son visage calme, impassible, ses bras croisés, toute son attitude indique une sereine impartialité.

A ses côtés, appuyés familièrement contre elle, deux génies attendent ses ordres pour porter les couronnes et les palmes, hommage rendu aux vivants et aux morts glorieux.

Près du groupe central, à droite, un ruisseau d'eau fraîche sort d'un rocher.

La jeunesse y boit avidement, la vieillesse y puise une nouvelle force.

C'est ainsi que Puvis de Chavannes représente l'Instruction.

N'est-elle pas la source intellectuelle où viennent s'abreuver tous les âges de la vie ?

L'Éloquence est représentée par une femme debout, parlant fièrement, avec un beau geste.

Elle célèbre les luttes et les conquêtes de l'esprit humain.

Les groupes placés à droite et à gauche de la Sorbonne l'écoutent avec admiration.

Ces personnages représentent les diverses formes de la parole humaine.

Ce sont : la Poésie lyrique, la Poésie épique, la Poésie dramatique, la Satire, la Fable, la Comédie.

La partie droite de l'hémicycle est consacrée à la Science.

Les sciences naturelles, premier groupe faisant
suite aux Muses, se compose de quatre figures :
la Botanique, la Mer, la Géologie, la Minéralogie.

La Botanique est symbolisée par une jeune

La Sorbonne (partie de **droite**).
(Phot. Roux)

fille assise, vue de dos ; elle tient une gerbe de
fleurs sur les genoux.

La Géologie et la Mer sont groupées, debout,
les corps simplement voilés d'une gaze transpa-
rente :

L'une, au front couronné d'un diadème de
corail, porte une conque marine dans la main ;

L'autre, parée de pierres précieuses, montre un
fragment de corail naturel.

Cette femme, vieille comme le monde, assise
par terre, symbolise la Minéralogie.

Elle s'appuie sur une roche qui renferme un coquillage fossile.

Enfin, pour compléter le symbolisme, un enfant, le scalpel à la main, va saisir un lézard pour l'étudier, pendant qu'un autre examine avec curiosité un flacon de cultures microbiennes.

La Physique est une sorte d'Isis mystérieuse qui ne se dévoile qu'aux ardents, aux enthousiastes, aux convaincus.

Puvis l'a placée sur un piédestal comme une déesse.

Un groupe de jeunes gens, dans un commun élan, jurent de se consacrer à elle.

Les Sciences mathématiques ferment la composition :

Elles sont symbolisées par trois hommes absorbés dans l'étude d'un problème de géométrie.

La partie gauche de l'hémicycle de la Sorbonne est réservée à la Philosophie et à l'Histoire.

Deux grandes idées se partagent le domaine de la Philosophie : le Matérialisme et le Spiritualisme, autour desquels gravitent le Pessimisme et le Doute.

Puvis de Chavannes a pris comme thème la lutte de ces deux idées sur le problème de la mort : il a résumé ainsi toute la Philosophie.

Une femme assise tient un crâne entre ses mains et le contemple avec un regard douloureux comme si la mort était la fin de tout.

Une autre, debout, enveloppée d'un manteau

monastique, personnifie le Spiritualisme et
répond par un geste d'ardente aspiration vers
l'idéal.

Une belle jeune fille, au frais visage, montre une

La Sorbonne (partie de gauche).

fleur, expression des joies terrestres et des trans-
formations successives de la matière.

Dans l'angle, extrême gauche de la composition,
un vieillard écoute et réfléchit.

Il personnifie le Doute.

Le deuxième groupe montre l'Histoire inter-
rogeant le Passé figuré par d'antiques débris que
l'on vient d'exhumer.

L'un d'eux est couvert d'un buisson qui cachait
une inscription antique.

Un enfant écarte les branches de ce buisson afin
que l'Histoire puisse lire et transcrire l'inscription
sur ses tablettes.

Des ouvriers occupés à déblayer un vieux mur

s'arrêtent dans leur pénible travail pour écouter ce que leur dit l'Histoire.

Un gamin, que cela intéresse peu, se coiffe par amusement d'un vieux casque d'airain.

Si une démonstration éloquente du caractère élevé, grave et positif de la peinture de Puvis de Chavannes devait être faite afin de convaincre de leur erreur profonde ceux qui ne veulent voir en lui qu'un rêveur et un fantaisiste, hors de la vérité et de la vraisemblance, elle l'est par cette genèse d'une composition qui repose tout entière sur la logique, le bon sens, et dont la simplicité est telle que l'esprit le plus rudimentaire peut en saisir l'idée, dans tous ses développements, en admirer la forme, sous tous ses aspects.

Puvis de Chavannes a mis dans la décoration de la Sorbonne sa science de peintre, son âme d'artiste.

Elle a, dès son apparition, conquis une universelle popularité.

C'est à l'issue de l'inauguration solennelle de la Sorbonne (1889), que les insignes de Commandeur de la Légion d'honneur lui furent remis.

Musée de Rouen

L'inauguration de la Sorbonne passée, Puvis de Chavannes fut désigné, en cette année 1889, pour faire partie du Jury de l'Exposition universelle.

Rien ne l'irritait comme ces séances de Commissions où se gaspillaient des heures qu'il avait le continuel tourment de voler à sa peinture.

« Quant à ma santé, écrit-il à cette date, je « crois que le meilleur remède serait une toile « blanche qu'il s'agirait de couvrir honorablement.»

La toile blanche apparut, couverte, au Salon de 1890.

Elle s'étend aujourd'hui au-dessus de l'escalier du Musée de Rouen.

Inter Artes et Naturam. - A Rouen, trois Musées distincts sont réunis : le Musée d'Antiquités, celui de Céramique, celui des Beaux-Arts.

Le fond du décor évoque le panorama grandiose du large fleuve avec ses îles verdoyantes et de l'opulente et vieille cité.

Au milieu de la toile, sous la surveillance d'un chef anxieusement attentif, deux ouvriers dressent une pierre colossale provenant d'un monument ancien pour la joindre à une série de pièces d'architecture, fragments de cloîtres romans, chapiteaux gothiques, bases de colonnes, motifs de corniches, d'un mur de château fort et débris de mosaïques, qui servent à la fois de décoration pittoresque à la terrasse d'un Musée idéal d'antiquités en plein air.

La partie gauche de la composition est occupée par une jeune fille assise sur un banc de pierre.

Elle peint, au centre d'un plat de faïence de Rouen, une tulipe que lui présente une de ses compagnes, tandis qu'une autre, à demi-couchée sur l'herbe, dispose un bouquet de fleurs des champs destiné à servir de nouveau modèle.

Un jeune garçon, portant sur sa tête une planche garnie de poteries prêtes à être mises au four, suit

Inter Artes et Naturam (partie centrale).

avec une naïve admiration le travail du pinceau sur le plat de faïence.

Tel est le gracieux symbole de la Céramique.

Nous arrivons à celui des Beaux-Arts :

Deux étudiants peintres écoutent la démonstration persuasive d'un camarade sur une intéressante question de perspective et de silhouette que soulève la figure élégante et sévère d'une jeune fille, la tête et les épaules couvertes d'une mantille drapée à l'antique, debout, à l'extrémité gauche de la composition.

Un quatrième, assis par terre, le coude aux genoux, examine de son côté un coin de paysage qu'il se dispose à reproduire.

L'étude d'après nature ne saurait être allégorisée avec plus de clarté et plus de grâce.

Presque au centre de la toile, une jeune mère

abaisse une branche de pommier afin que l'enfant qu'elle porte sur son bras puisse atteindre le fruit qu'il convoite, et vers lequel il tend, aussi haut qu'il le peut, mais inutilement, sa petite main impatiente.

Presque au milieu, véritable petit chef-d'œuvre dans le grand, ce garçonnet qui traîne par-dessus son épaule une bottelée de feuillage et qui se dirige vers le groupe de jeunes filles, fier de la mission dont elles l'ont chargé, d'aller chercher ces motifs de décoration.

Dans l'angle, à droite, deux femmes fort belles d'attitude causent entre elles affectueusement.

Puvis de Chavannes fait appel pour la première fois dans cette composition au vêtement contemporain qu'il a tenté de généraliser par l'emploi exclusif de ses éléments essentiels.

Cette décoration montre, sous une nouvelle forme, l'habitude du maître à concevoir et à réaliser une idée plastique qui permette d'orner de belles lignes, de figures humaines et de paysage un monument public et, en même temps, d'en déterminer, avec évidence, pour tout le monde, le caractère et la destination.

L'imagination est séduite, les yeux sont charmés.

Hôtel de Ville de Paris.

Dans l'Hôtel de Ville de Paris, Puvis de Chavannes a décoré l'escalier de la Préfecture et le premier salon des appartements de réception.

Ces travaux importants, commencés en 1889 ont été terminés en 1893.

La décoration du premier salon de réception comprend deux grandes peintures et quatre écoinçons.

Une porte d'entrée coupe par le milieu, sur la moitié de la hauteur, une des deux vastes murailles qui se font face en recul, la lumière n'y pénètre que par une baie de côté ouvrant sur une cour.

Puvis de Chavannes a peint pour ce premier salon *l'Hiver* et *l'Eté*.

Dans l'antithèse de ces deux spectacles : l'un tout de misère, de tristesse, de pénible travail et d'aspect général de mort ; l'autre tout de joie, de bonheur, de repos et d'apothéose de la vie, il a cherché la source des sensations.

L'Eté. — Des femmes se baignent ou se reposent au bord d'une rivière.

Une jeune mère assise dans l'herbe, à l'ombre des saules, allaite son nouveau-né.

Des paysans entassent du foin sur un char, tout en haut de ce paysage montant dans une plaine où se dressent les silhouettes augustes de vieux arbres, patriarches solennels dont les verdures se mêlent.

Un pêcheur, monté sur une barque que conduit une jeune fille rêveuse, jette son filet.

Une prairie émaillée de fleurs, un champ de blé
mûr, une futaie de marronniers et de hêtres, un
bras de rivière et des collines boisées forment le
fond du paysage ensoleillé.

L'Eté.

La lumière atténuée, harmonieuse, bleuâtre,
chante aux yeux comme une mélodie de Glück,
enveloppe l'esprit rasséréné d'une douceur com-
parable à celle qui émane de certains vers inachevés
de Virgile...

L'Hiver, en face de *l'Eté*, présente un incompa-
rable paysage plus impressionnant encore, s'il
est possible, que ce dernier.

Une triste et austère grandeur le caractérise.

La longue clairière blanche de neige, coupée
de flaques gelées, est plantée de hauts arbres
espacés et nus.

A droite, fermant l'horizon, la ligne bleuâtre d'une forêt.

Au loin, s'arrondit une hutte de charbonnier.

Ici, des forestiers chargent des fagots.

L'Hiver.
(Phot. Durand-Ruel.)

Là, debout près du peuplier dont il vient de couper le pied avec sa hache, le chef de chantier donne, à trois compagnons, le signal pour tirer ensemble sur la corde attachée à son sommet.

Les trois hommes sont superbes de mouvement.

A gauche, au premier plan, une pauvresse se réfugie avec deux enfants dans une ruine où l'aïeule s'est déjà blottie entre les pierres humides.

Sous ce fragment de ruine, le symbole sacré de la charité est représenté par un groupe de bûcherons au cœur généreux.

L'un d'eux, pris de pitié, offre à la pauvre femme

la moitié de son pain ; l'autre, aussi compatissant, réchauffe à un feu de brindilles les pieds à demi-gelés du petit garçon.

Mais, si l'hiver est cruel à ceux qui travaillent au dehors, à ceuxq ui n'ont ni pain ni foyer, il a ses plaisirs pour les riches, pour les favorisés de la fortune.

Puvis de Chavannes symbolise ainsi cette opposition :

Dans le fond, sur la lisière du bois, passe un équipage de chasse, avec ses meutes et ses cavaliers.

Les chiens sont couplés et les rabatteurs portent le cerf tué suspendu à une branche.

Ecoinçons. — Sur les écoinçons sont peints en camaïeu bleu des personnages dont la physionomie se rapporte aux deux sujets de *l'Hiver* et de *l'Eté :*

Un *Faucheur* qui boit à la cascade d'un rocher ;

Une *Paysanne* liant une gerbe de blé ;

Un *Bûcheron* dont la cognée s'abat sur un arbre mort ;

Un *Chasseur de corbeaux.*

Peintures de l'escalier. — Dans les peintures de l'escalier de la Préfecture, Puvis de Chavannes se révèle sous un *jour nouveau*, presque imprévu.

Il ne dispose plus là de vastes espaces où son imagination fertile se donne libre carrière.

On lui a remis un emplacement tout de pièces et de morceaux : plafond, voussures, écoinçons, tympans, sans perspective, ni profondeur ; fractionné sur quatre parois d'une cage d'escalier moderne que déchiquette une ornementation sculpturale exubérante.

C'est Paul BAUDRY qui devait exécuter ce travail.

Il mourut avant de l'avoir entrepris.

Elie DELAUNAY, dont les peintures de la salle du Conseil d'Etat venaient de prouver la haute aptitude à ce genre de décoration monumentale, fut désigné pour le remplacer ; mais Delaunay mourut sans avoir pu commencer les premières études.

On s'adressa donc à Puvis de Chavannes.

Par de longues réflexions, Puvis de Chavannes sut trouver la composition qui résoudra le difficile problème de tirer d'une idée générale très claire, correspondant directement au caractère social du monument, une série de motifs qui en sont les éléments essentiels, inséparables, tout en ayant chacun le pouvoir de produire une sensation particulière, indépendante de celle que le spectateur pourra recevoir de leur collectivité.

Il peignit donc la *Glorification des Vertus de Paris*, constituant *dans leur ensemble* la figure morale de la grande cité.

Le Patriotisme. — Il le personnifie par une

femme debout, majestueuse, remettant le drapeau national à un explorateur.

Un génie, porteur de palmes et de lauriers destinés aux vainqueurs, se tient debout auprès d'elle.

La Charité. — Une belle jeune fille tend la main à une pauvre mère de famille, accompagnée de ses deux enfants qui grelottent de froid près d'un mur.

L'Ardeur artistique. — Au pied d'une statue antique : la Vénus de Vienne, des étudiants dessinent, peignent, font de la musique, pensent et rêvent à l'Immortelle Beauté.

L'Etude. — Dans un cabinet de lecture, des travailleurs cherchent la solution de problèmes ardus ; ils allégorisent l'Etude.

Ces vertus primaires occupent les grandes voussures de l'escalier.

Passant aux figures placées dans les tympans, nous trouvons :

L'Esprit. — Deux jeunes filles sont assises au bord de la Mer.

L'une lit à sa compagne une page d'un livre nouveau.

La Fantaisie. — Une jolie femme, couchée indolemment parmi les fleurs, tend la main vers l'oiseau bleu qu'elle caressait, qui s'envole à tire d'ailes, et après lequel l'Amour court en vain.

L'Intrépidité ou le Dévouement. — Un jeune homme se penche sur l'eau pour sauver un malheureux qui se noie.

Cette figure du dévouement est un modèle de

discrétion, sans exagérations de musculatures, toute la puissance dynamique qui est dans l'être humain bien proportionné.

L'Urbanité. — Une vieille femme présente en souriant à une jeune fille la fleur qu'elle vient de cueillir.

L'étude de la décoration des tympans est terminée ; passons à celle des deux panneaux d'angle.

Nous rencontrons *l'Industrie* et *l'Enthousiasme.*

A droite, une femme représentant *l'Industrie* surveille des amours qui décorent un vase et qui martèlent sur l'enclume des pièces de métal.

A gauche, une jeune fille : *l'Enthousiasme,* au visage inspiré, aux yeux brillants, élève des palmes au-dessus de sa tête, pendant que des enfants, à côté d'elle, soufflent dans les trompettes de la Renommée.

Deux figures représentant : l'une *la Ville de Paris ancienne,* l'autre *la Ville de Paris moderne,* achèvent la décoration.

La Ville de Paris ancienne porte sur la main la Sainte Chapelle, à la façon des donatrices du Moyen Age.

La Ville de Paris moderne porte l'Opéra.

Enfin, au plafond, Puvis de Chavannes a placé l'allégorie de : *Victor Hugo offrant sa lyre à la Ville de Paris.*

Vers une loggia de marbre, porche grandiose
d'un Hôtel de Ville idéal, s'avance le poète, tête
nue, enveloppé du manteau des immortels.

Auprès de lui, les ailes éployées, la lumière

Victor Hugo offrant sa lyre à la Ville de Paris.

divine au front, sa Muse familière porte la lyre.

Dans le ciel azuré suivent : l'Idylle, le Drame, la
Tragédie.

Assise sur le devant de la loggia, le Ville de
Paris, rayonnante de beauté et de jeunesse, reçoit
l'hommage de Victor Hugo et va lui remettre la
couronne de lauriers d'or que tendent trois belles
femmes debout, derrière elle, qui personnifient :
la Littérature, la Science et l'Art.

Le secrétaire officiel s'apprête à écrire sur une
tablette commémorative les paroles du Poète

Des jeunes gens agitent, avec enthousiasme,
des palmes et des rameaux d'olivier.

Le héraut fait flotter triomphalement la bannière municipale.

Noblesse et harmonie d'expression caractérisent cette composition.

Sur le fond d'un bleu tendre, les gestes et les attitudes prennent une grandeur symbolique et, comme toujours chez Puvis de Chavannes, tous les détails concourent à produire une émotion d'ensemble.

Les quatre voussures et les six tympans qui l'accompagnent et que nous avons décrits sont peut-être d'un effet plus décoratif encore.

Les figures sont légères, souples, discrètes, elles ne heurtent ni ne cachent les contours et les profils, le maître n'a pas hésité à les subordonner à la décoration des fonds, s'ingéniant à mettre dans le ciel, sur le paysage, aux bordures, les tons les plus tendres, les plus délicats, les plus frais : des bleus de saphir, des roses d'églantine et les ors fondus des crépuscules printaniers.

Puvis de Chavannes a fait là du vrai décor, du grand décor, de ce décor si simple, si logique qu'on le voit sans le regarder, qu'on l'admire sans l'analyser.

Quand les premières marches de l'escalier sont franchies, c'est une entrée dans la lumière, elle tombe, elle rayonne de partout, douce, fraîche, limpide, elle baigne l'admirateur d'une atmosphère de clarté qui est un repos et une volupté.

L'escalier, seuils, rampes, parois et plafond, est en pierres blanches.

L'artiste s'est préoccupé avant tout de mettre sa peinture en rapport absolu de lignes, de lumière et de couleur avec l'architecture et l'ornementation sculpturale du monument.

Nous sommes loin des peintures presque monochromes que sont : l'*Ave Picardia*, le *Ludus* d'Amiens, *le Bois Sacré* de Lyon.

Déjà, dans l'hémicycle de la Sorbonne, les taches lumineuses chantaient une des symphonies de couleurs les plus pénétrantes et les plus richement ordonnées qui puissent ravir un œil un peu sensible.

Ce beau voile de brume n'existe plus à l'Hôtel de Ville et les beaux bleus de vitrail que Puvis semblait préparer et tenir en réserve depuis trente ans ont surgi dans la pure lumière.

Nous avons vu ces toiles en place et nous trouvons, nous aussi, qu'il est dommage d'en confier la traduction à la photographie et à l'imprimerie ; mais cette très infidèle reproduction donne au moins un pâle aperçu de l'œuvre du Maître, elle aide à la comprendre, en excitant le désir de voir les toiles en place, pour avoir vraiment l'idée complète du coloriste et du décorateur.

Au moment où la décoration de l'Hôtel de Ville de Paris allait être achevée, c'était l'œuvre de trois années d'un travail écrasant ; le lendemain de la clôture du Salon où Puvis de Chavannes avait montré l'ensemble de la décoration de l'Hôtel de Ville, on lança l'idée de fêter solennellement les noces d'or du peintre, idée dont l'initiative tout entière revint à la jeunesse, admiratrice passionnée de Puvis de Chavannes.

Le 16 janvier 1895, tout ce que Paris comptait d'artistes et d'écrivains se réunit en un banquet triomphal pour fêter le soixante-dixième anniversaire du Maître.

Puvis s'y montra d'une gaieté gracieuse ; la bienvenue de tous souriait dans ses yeux, sa main avait les étreintes vigoureuses et loyales des juvéniles amitiés.

Voici ce que disait BRUNETIÈRE dans un discours resté fameux :

Je cite textuellement quelques fragments :

« Maître, je voudrais avant tout ne pas vous
« *louer*, ni vous *féliciter*, mais vous *remercier* d'avoir
« *aéré* la Peinture.

« On respire dans votre œuvre à l'ombre de vos
« bois sacrés, l'air circule à flots dans vos plaines ;
« des souffles caressants et légers y soulèvent, y
« élèvent, y soutiennent l'imagination de vos
« admirateurs à la hauteur de votre rêve de grâce
« et de beauté.

« Sans autre artifice que celui de la simplicité,
« vous nous avez donné la sensation de ces
« rapports subtils qui font de l'être humain la
« créature de son milieu, l'expression du sol, des
« airs et des eaux.

« Vous avez fixé l'impalpable, et, plus heureux
« que les philosophes qui continuent toujours à
« disserter sur la nature de l'espace, *vous l'avez su*
« *peindre*.

« La forme et la couleur en ont aussitôt revêtu
« dans votre œuvre une signification et une portée
« nouvelles.

« Si la couleur et la forme, en raison même du
« pouvoir de séduction qu'elles exercent sur nos
« sens, ont quelque chose de trop matériel, parfois
« vous les avez spiritualisées.

« Vous avez atténué ce que l'éclat de la couleur
« a souvent de trop aveuglant ou de trop brutal,
« même pour des yeux un peu délicats.

« Vos compositions se sont ainsi peuplées et
« animées de figures idéales qui, toutes, expriment
« un fragment de votre pensée.

« En aérant, en spiritualisant la peinture, vous
« l'avez aussi « poétisée ».

« Enfin, en élevant très haut vos regards, vous
« avez donné à l'art *la sincérité* pour objet et
« pour loi.

« Convaincu que le peintre, comme le poète, a
« charge d'âmes, vous avez fait exprimer à vos
« compositions ce que nous appelons des idées.

« Par la douceur et par la beauté de votre ima-
« gination, vous avez versé *l'apaisement* dans nos
« cœurs.

« Ce sont là de grandes choses qui vous assurent,
« dès à présent, et dans l'avenir, avec le *titre*, le

« *rang* et la *gloire* de l'un des *Maîtres* de la Pein-
« ture, ceux d'un bienfaiteur de votre temps,
« d'un bienfaiteur de l'humanité. »

BIBLIOTHÈQUE PUBLIQUE DE BOSTON.

L'Amérique, qui a recueilli tant de peintures de
chevalet de Puvis de Chavannes ou de ses répé-
titions amoindries, a voulu posséder sa part du
grand œuvre décoratif du Maître.

En 1891, le Conseil de la Bibliothèque publique
de Boston lui demanda la décoration de l'entrée
du monument.

L'artiste hésitait.

L'aimable ténacité des Américains eut raison
de ses hésitations.

« L'architecte de Boston, écrivait-il l'année
« suivante, m'a envoyé un ambassadeur avec de
« telles instructions, une soumission si absolue,
« une telle liberté pour moi qu'un refus net deve-
« nait une brutalité.

« Que voulez-vous qu'on réponde à un homme
« qui vous dit : on vous attendra dix ans et plus,
« s'il le faut, *tant que vous voudrez !*

« J'avais beau lui montrer ma barbe blanche,
« rien n'y a fait.

« Je dois, vendredi matin, voir une réduction
« faite à mon intention.

« Il va donc falloir y penser. »

L'œuvre fut entreprise en 1894.

L'infatigable travailleur en profita pour effacer la mélancolie secrète qu'éveillait en lui la glorification de son soixante-dixième anniversaire.

Et, certes, cette œuvre l'entraînait à un labeur dont plus d'un jeune homme aurait été effrayé.

« Je travaille beaucoup à mon Boston, écrit-il en « janvier 1895, et j'avance très peu. Cette impos-« sibilité de connaître mille détails de l'entourage, « mille choses de première nécessité, est vraiment « terrible. »

Et plus tard : « Boston avance doucement dans « l'épaisse chaleur de Neuilly !

« Septembre en verra probablement la fin.

« Ainsi disparaîtront de l'autre côté de l'Océan « trois années de ma vie.

« Jamais plus je n'accepterai de pareille besogne.

« Je suis comme un *Père dont les Filles entre-*« *raient au couvent.* »

L'emplacement à décorer était divisé en sept voussures.

Dans celle du milieu se trouve la porte d'entrée de la Bibliothèque.

Ces voussures écraseraient sur le lambris en marbre rouge de Sienne toute ordonnance horizontale.

Il invente donc cette belle composition : *les Muses inspiratrices acclament le Génie messager de Lumière.*

A l'horizon d'un ciel d'or et d'une mer bleue, qui illumineront les parties sombres, porté sur un nuage blanc, s'avance triomphalement l'enfant radieux, tenant un flambeau dans chacune de ses mains.

Et vers lui, au-dessus du rivage gris hérissé de rares pousses, où les peupliers dressent leur

Les Muses inspiratrices de Boston.
(D'après cliché Braun.)

mâture, les Muses joyeuses accourent, la lyre d'ivoire aux mains.

Doucement elles volent, réparties en deux groupes aériens symétriquement balancés.

Elles agitent des lauriers avec un fier enthousiasme.

La neuvième plane encore, retenue par les voiles dont elle est enveloppée et qu'elle entr'ouvre aux rayons lumineux.

Elles sont superbes ces Muses aux longues robes flottantes, aux chevelures dorées, tombant sur leurs épaules, et dont les pieds nus effleurent à peine le gazon.

Leurs visages ont des expressions, leurs corps, des attitudes ; leurs bras, des gestes qui donnent aux yeux la vision de toutes les formes de la grâce et de la beauté.

L'allégresse les anime, les transporte sans que

leur virginale pureté paraisse ombrée d'un sentiment qui ne soit tout entier de la plus fraîche et de la plus chaste inspiration.

Les figures de l'Etude et de la Réflexion en camaïeu violet, nobles, graves, religieuses, s'accotent aux chambranles de la porte d'entrée :

Dieux lares de la Bibliothèque et des lecteurs.

L'ordonnance est d'une simplicité haute, d'un art magistral.

Huit panneaux complètent l'œuvre.

Les cinq premiers furent exposés en 1896.

Ces panneaux personnifient :

L'Astronomie : des bergers chaldéens interrogent les étoiles.

La Poésie bucolique : Virgile rêve devant des ruches auprès d'un lac bleu.

La Poésie épique : Homère entouré de l'*Iliade* et de l'*Odyssée*.

La Poésie dramatique : Eschyle voit surgir la vision de Prométhée enchaîné.

L'Histoire interroge les ruines.

La Chimie : la Terre découvre ses mystères.

La Physique : sur les fils du télégraphe glissent la bonne et la mauvaise nouvelle.

Mais l'ingéniosité du thème est le moindre mérite de cette œuvre que l'artiste avait conçue comme une symphonie éclatante, en accord avec le riche encadrement de marbres colorés dont il avait eu sans cesse les échantillons sous les yeux pendant son travail.

Ces toiles mises en place à Boston sont une révélation pour ceux mêmes qui ont vu les toiles au Salon.

Puvis de Chavannes, comme il le prévoyait, n'eut pas lui-même cette joie.

Ce fut un de ses élèves, Victor Koos, qui fut chargé de veiller à l'installation de l'œuvre de son Maître.

Hésiode a dit quelque part : « les Muses portent dans leur poitrine un cœur exempt de troubles ».

C'est ce caractère de sérénité, de quiétude qui se dégage avec une autorité, un charme souverains de l'œuvre de Boston.

C'est lui qui fait prédominer l'accord de la lumière, des figures et du paysage.

C'est lui qui nous arrache à nous-mêmes pour nous entraîner n'importe où, hors du monde.

L'appel adressé à Puvis de Chavannes par le Nouveau-Monde certifie de la rayonnante beauté de ses inventions.

Jusqu'à ce jour, nos édifices français seuls en portaient la trace.

La décoration de Boston est donc un éclatant hommage rendu par l'Etranger à l'Ecole française.

ŒUVRES DIVERSES.

La vie de Puvis de Chavannes s'écoule ; on lui demandera en 1896 de décorer au Panthéon l'emplacement laissé vacant par la mort prématurée du peintre MEISSONIER.

Il acceptera avec joie.

Mais, cette œuvre étant la dernière de sa vie, avant d'en commencer l'analyse si attachante et si belle, nous parlerons des tableaux de chevalet intercalés dans sa carrière artistique.

Les toiles de chevalet, pour être moins connues que les vastes décorations monumentales de Puvis de Chavannes, n'en sont pas moins d'un intérêt réel, soit en elles-mêmes, soit au point de vue des *révélations* dont elles sont *pleines* sur le caractère de leur auteur.

Conçues soit comme délassement, soit comme recherches de formes ou de métier, soit comme reprise fragmentaire de telle ou telle de ses grandes compositions qui lui paraîtront propres à être accentuées isolément.

Les unes nous montreront le grand contemplatif en face du monde extérieur, s'efforçant de réaliser son rêve de rythme et de beauté en exaltant certains actes généraux de la vie humaine, se déroulant au milieu du grand décor merveilleux auquel il les associe.

Les autres sont des compositions qui, soit qu'elles s'adressent à des motifs définis, à des mythes, à des sujets légendaires, à des paraboles connues, soit qu'elles revêtent une forme symbolique propre, peuvent être opposées aux précédentes comme nous donnant l'image de sa vie intime et subjective, et présentant directement ou indirectement une sorte d'enseignement moral.

6

En 1850, Puvis de Chavannes exposait au Salon une *Pieta*.

Il avait vingt-six ans.

Pieta.

Sur les genoux de la Vierge, le Christ mort, Madeleine agenouillée tout auprès.

Mais la Vierge, drapée de violet, se confondait avec le fond que l'artiste avait fait violâtre.

« Ravi d'avoir été reçu, raconte-t-il avec sa
« bonhomie accoutumée, je pars dès le matin
« pour me contempler dans mon œuvre.

« Arrivé devant ma toile, que vois-je ? deux
« figures au lieu de trois.

« Je compris désormais le poids d'un ton.

« C'est de ce jour-là seulement que je fus
« peintre. »

La *Pieta* décora l'atelier de Neuilly.

En 1850, il peignait encore : *Mlle de Sombreuil
buvant un verre de sang pour sauver son père.*

Quelques dessins et croquis ont seuls survécu
à ce tableau.

En 1857, il donnait *Jean Cavalier au chevet de
sa mère mourante.*

Une pauvre femme au visage émacié est étendue
sur un lit, une bible entr'ouverte sur sa poitrine.

Elle contemple le ciel par une baie ouverte.

Entre le lit et la baie, un beau jeune homme
brun, à l'air fatal, joue sur une basse le choral de
Luther.

Un poète, Henri DE LACRETELLE, écrivit sur
ce tableau ce quatrain funambulesque :

> Suivant le vœu de celle qui trépasse
> Le fils retient ses pleurs, au moment solennel·
> Et la note sereine arrachée à la basse
> Accompagne cette âme sur la route du ciel.

De cette même époque datent : un *Ecce Homo —
le Martyre de saint Sébastien — la Méditation —
Hérodiade — Julie — les Pompiers de village.*

L'*Ecce Homo* est d'une rare truculence de gestes et de couleurs.

L'un des personnages est le portrait d'Edmond About.

La petite église de Champagnat, dans le département de Saône-et-Loire, possède ce tableau.

Martyre de saint Sébastien. — Saint Sébastien est amené dans une clairière de forêt, la nuit ; on l'a attaché à un tronc d'arbre gigantesque, son corps déjà ensanglanté fait, dans la pénombre d'un clair de lune, un fond tragique à souhait.

Les bourreaux du Saint se reposent : l'un boit à une source, un autre discute les coups avec ses compagnons prêts à recommencer.

La Méditation avait été inspirée à l'auteur par la vue, sur la plage de Biarritz, d'un prêtre assis sur un rocher, la tête entre ses mains et dont la silhouette noire se profilait fantastiquement sur le ciel.

On lui a volé ce tableau pendant le siège de Paris.

Hérodiade est debout au sommet d'un monumental escalier ; la femme d'Hérode donne à l'exécuteur placé au bas des degrés le signal de la mort de saint Jean-Baptiste. On aperçoit le Saint enfermé dans une crypte sombre.

Les Pompiers de village. — Ils furent peints à la suite d'un spectacle dont fut témoin Puvis de Chavannes de la fenêtre d'un vagon de chemin de fer pendant un voyage dans le Mâconnais.

Les Pompiers de Village (dessin).
(Phot. Bulloz.)

Le feu a éclaté dans une ferme qu'on aperçoit au loin.

Bêtes et gens fuient à travers champs, éperdus, affolés.

Les pompiers volent au secours des sinistrés.

Les habitants du village suivent, les uns poussant à la roue du chariot de la pompe, les autres portant des cordes, des couvertures, des seaux.

Ce croquis évoque un des personnages principaux : le curé, qui se hâte vers l'incendie, une échelle sur l'épaule.

Ce tableau est un singulier mélange de réalisme idéal.

A côté des paysans en blouses bleues, casques de cuivre sur la tête, d'un curé en soutane, on voit des femmes pieds nus et vêtues de robes flottantes qui sortent d'un cerveau de peintre d'histoire et d'allégorie.

En 1854, Puvis de Chavannes avait commencé à revêtir de peintures murales une maison des champs que son frère faisait construire en Saône-et-Loire.

Il y représenta les *Quatre Saisons* et, comme composition centrale, *le Retour de l'Enfant prodigue*.

C'est l'une de ces *Quatre Saisons*, reprise et agrandie, qu'il envoya au Salon de 1859 sous le titre : *Retour de chasse*, fragment de peinture murale.

Ce tableau marque une date intéressante dans la carrière du peintre, celle d'une évolution décisive vers la personnalité.

Certes, il est encore loin des compositions

d'Amiens, mais le sentiment du naturalisme et l'instinct du paysage aux grandes lignes décoratives s'y manifestent nettement, en même temps que l'exécution prouve une progression sérieuse et constante sans modifications importantes de principe ni de procédé.

Il n'est pas de moindre évidence, à partir de ce moment, que l'artiste s'est fait par ses patientes études, par ses longues méditations dans la solitude de son atelier, un haut idéal dont il ne s'écartera pas.

Puvis de Chavannes n'a gardé nulle rancune de leurs rigueurs aux Jurys des Salons ; il estime même, avec philosophie, qu'ils lui ont rendu un sérieux service (involontairement, ce qui le dispense de toute gratitude), en le condamnant au travail intime le plus énergique, en lui imposant la volonté de faire justice de cet ostracisme par la démonstration d'un incontestable talent.

Dans le *Retour de chasse*, qui a amené cette digression, un cavalier encapuchonné d'une peau de léopard porte triomphalement au bout de sa pique une hure de sanglier.

Deux de ses compagnons l'escortent à pied, chargés du corps d'un cerf.

Un autre précède le cortège en sonnant du cor à pleins poumons.

Par derrière, des femmes suivent à cheval.

Ce tableau appartient au Musée de Marseille.

L'Automne fut exposé au Salon de 1864. Nous pouvons le voir au Musée de Lyon.

C'est la saison des fruits.

L'Automne.
(Collection Sylvestre, Lyon.)

Deux jeunes femmes les cueillent au milieu d'un verger : l'une les dépose dans une corbeille que lui tend sa compagne, appuyée contre un arbre et vue de dos.

La troisième est assise ; belle encore, toujours gracieuse, attentive, elle réfléchit que la ligne effrayante qui partage la vie en deux hémisphères est maintenant franchie.

Elle laisse à la jeunesse la joie de cueillir les fruits et les fleurs et l'orgueil de montrer sa splendide beauté.

Le Sommeil fut exposé au Salon de 1864 en même temps que *l'Automne.*

Le Sommeil.
(Phot. Durand-Ruel.)

Une large tonalité crépusculaire enveloppe le groupe des dormeurs du premier plan et s'étend au loin sur les campagnes silencieuses.

Les laboureurs et les bergers reposent dans des attitudes diverses.

Le critique Paul DE SAINT-VICTOR se montre enfin entièrement conquis et il dit :

« Grande et noble esquisse, peinture plus musi-
« cale que plastique et qui parle moins aux yeux
« qu'à l'esprit, l'indécision du dessin, le vague
« de la couleur sont ici en harmonie avec le sujet.

« C'est un beau songe esquissé comme avec un
« crayon d'argent sur la toile grise de la nuit.

« On ne saurait trop louer la simplicité gran-
« diose du paysage.

« Il a quelque chose de vierge et d'auguste. »

Le Sommeil est une grande composition décorative se rapprochant comme genre de sujet
d'exécution des premières peintures d'Amiens.

Ce tableau appartient actuellement au Musée
de Lille.

En 1870, Puvis de Chavannes donnait *la Décollation de saint Jean-Baptiste.*

Cette composition, si discutée au Salon de 1870,
fut admise à l'Exposition centennale de 1889 et
mieux comprise.

Le critique Georges LAFENESTRE l'avait cependant énergiquement défendue contre certains
écrivains qui s'obstinaient à ne voir dans cette
œuvre qu'une amusante caricature.

Citons quelques lignes de son plaidoyer :

« Puvis de Chavannes, dit-il, a traité son sujet
« avec une profondeur et une naïveté supérieures.

« Ce tableau est d'un art très savant, d'une élé-
« vation très réelle.

« M. Puvis de Chavannes *croit*, avec tous les
« siècles passés, que la peinture est un *moyen*
« *d'expression* que la main exécute, mais que la
« *tête dirige.*

« La lutte qu'il soutient n'est pas inutile.

« Son œuvre vivra plus longtemps que celle des
« railleurs, parce qu'elle repose sur des principes
« d'art plus généreux et plus durables.

« Comme aspect général, par le charme calme

Sainte Madeleine au désert.

« et puissant des colorations ; comme aspect pra-
« tique, par la justesse des attitudes et l'expression
« des physionomies, par la force du style et par
« la largeur du dessin, la *Décollation de saint Jean-*
« *Baptiste* est un des ouvrages les plus impor-
« tants du Salon. »

A cette même date de 1870 appartient *Sainte Madeleine au désert.*

Dans cette toile, tout étalage a été sévèrement exclu.

La sainte debout, un crâne entre les mains, réfléchit et prie.

Quelques pierres au premier plan.

Une plaine aride s'étend à l'horizon.

Le critique BUISSON écrit :

« Puvis m'a montré un jour dans son atelier « de la place Pigalle deux dessins qu'il regardait « avec attendrissement et regrettait d'avoir donné « à une loterie de Chicago.

« Ils représentaient deux femmes élancées, « presque sans corps.

« L'une envoyait son âme avec le ballon voyageur « prendre des nouvelles de la France.

« L'autre recevait dans ses mains ardentes le « pigeon voyageur, échappé à la griffe de l'aigle « allemand, avec les nouvelles qu'il rapportait « de Paris.

« L'idée, le sentiment, la mise en scène, les quais « et les ponts sous la neige, l'isolement, l'emmurage, « le deuil de la Patrie scindée, quel Français eût « pu ne pas reconnaître sa propre émotion dans « celle de l'artiste ?

« Les dessins avaient été photographiés.

« On en vendit 50.000 exemplaires en quelques « jours.

« Le dessin pour la Croix-Rouge provoqua la
« même secousse.

« Ce jour-là, Puvis, eut avec lui, l'âme populaire.

« Son public, c'était toute la France.

« Le peintre avait eu pour but de glorifier
« l'héroïsme des assiégés et de conserver le sou-
« venir de leurs poignantes sensations au départ
« et à l'arrivée des rares messagers aériens qui
« pouvaient rompre le cercle de fer et de feu.

« Cette loterie de Chicago, à laquelle Puvis de
« Chavannes offrit le *Pigeon voyageur* et le *Ballon*,
« avait été organisée après l'incendie qui détruisit
« en 1874 une partie de la ville. »

L'Espérance. — Au lendemain de l'horrible
guerre, lorsque la France ensanglantée pleure
tant de larmes, le Maître, qui avait accompli simplement son devoir de soldat, évoque *l'Espérance*.

Vierge pâle aux yeux bleus d'enfant, assise,
une fleur à la main, près des ruines désolées, non
loin des cimetières ouverts en plein champ où
la végétation s'étale plus puissante, elle semble
présenter à la Patrie cette fleur qu'elle vient
de couper dans le champ couvert de monticules
qui sont des tombeaux.

Par deux fois, l'artiste reprit cette donnée qui
le hantait.

Il nous fait apparaître la rassurante et doulou-
reuse Immortelle, tour à tour en sa nudité chaste,
puis serrée dans sa simple tunique de lin.

Mal accueillie au Salon de 1872 par le gros
public, cette figure était bien significative à
l'heure où elle parut.

La France devait lui rendre justice, car, il y a

L'Espérance.
(Phot. Durand-Ruel.)

quelques années, le Musée du Luxembourg ache-
tait la première esquisse, petite toile de l'*Espérance* comprise dans la vente H. Rouart, à Paris.

Mise à prix 50.000 francs, elle atteignit rapide-
ment 66.000 francs, prix auquel elle a été adjugée.

Cette attribution fut faite au milieu des applau-
dissements de la salle.

Les Jeunes Filles et la Mort, peinture très origi-

nale, fut présentée au même Salon de 1872 et
refusée par ce même Jury, duquel il venait de se

Les Jeunes Filles et la Mort
(Phot. Durand Ruel.)

retirer, ne pouvant supporter son système d'into-
lérance.

Sur la pente d'une colline fleurie, près d'un bois,
des jeunes filles se livrent joyeusement aux ébats
de leur âge ; les unes cherchent à s'entraîner dans
une course vertigineuse, d'autres, plus paisibles, se
promènent ou cueillent des fleurs.

La Mort sommeille tout auprès, cachée dans son

manteau, sous une gerbe de fleurs et de plantes.

Ingénieuse et pittoresque allégorie de la fragigilité de la vie et de la jeunesse.

La Moisson. — Dans cette grande composition, la lumière du soleil et les ombres des bois se

La Moisson.

partagent le paysage, groupant ainsi de deux côtés les figures qui représentent le Travail et le Repos pendant la saison chaude.

Sur le premier plan, toute une famille de pasteurs, assise à la fraîcheur, s'abandonne aux joies naïves de la paix domestique.

Les enfants jouent avec des agneaux comme avec des frères, ou se barbouillent les lèvres de fruits mûrs.

Derrière, à l'ombre du grand bois, dans l'eau

calme d'un étang, apparaissent des formes de baigneuses blanches.

Les mères caressent les enfants joueurs, rafraîchis et réjouis par la fraîcheur du bain.

Sur la lisière du bois, s'arrête un groupe de moissonneurs, appelant au repos, avec des signes de joie, le reste de la troupe, encore dans la plaine.

A droite, une vieille femme, assise sur un âne, distribue du lait dans des vases d'argile à quelques travailleurs, fillettes, femmes et vieillards, armés de faucilles et chargés de gerbes.

La jeune femme allaitant son nouveau-né, - celle qui, debout, rêveuse, tient négligemment son bambin suspendu à sa hanche comme un beau fruit, — la femme agenouillée, qui tend les bras à l'enfant sortant de l'eau, — le groupe entier des moissonneurs, sont des trouvailles qui ne peuvent être faites que par un artiste d'exception.

Et l'enfant ?

Admirons à propos de cette décoration, comment les enfants sont traités par Puvis de Chavannes.

Plus d'amours souriants, ni d'angelets bouffis, mais de chers petits corps dont il a senti l'exquise gaucherie, les gestes délicieusement maladroits.

Dans toutes ses compositions, nous en trouvons d'exprimés avec un accent vraiment ému.

Car ce songeur *grave* et *viril* est un *tendre*.

Il aime les enfants, les petits, les simples.

Il s'exhale de son œuvre un parfum d'Evangile,

7

tel qu'il se retrouve quelquefois dans certains poètes de l'antiquité.

Cette admirable composition est le *chant* de la *splendeur* de l'*Eté* et de la puissance de la Terre, de la *beauté* des choses qui s'épanouissent librement à la lumière, dans leur maturité.

La *glorification* de la *simplicité* et de la *noblesse du travail en plein air* qu'embaument les senteurs de foin coupé et des végétations qui s'échauffent, tout un *rêve profond* de *large* et *sereine harmonie*.

L'Enfant prodigue. — Une amusante anecdote à propos de ce tableau : Marius VACHON, qui a beaucoup écrit sur l'œuvre de Puvis de Chavannes, raconte qu'il lui signalait un jour l'ingénieuse hypothèse d'une « trilogie de misère » qui avait été émise à propos des trois tableaux : *le Pauvre Pêcheur*, *l'Enfant prodigue* et *le Rêve*.

Le Maître se mit à rire et lui répondit que, dans le deuxième tableau, il avait surtout voulu peindre des pourceaux.

« En 1878, expliqua le peintre, j'étais à la cam-
« pagne dans ma famille ; le fermier avait, cette
« année-là, admirablement réussi l'élevage de ces
« quadrupèdes ; ils étaient nombreux et superbes.

« Je passais une partie de mes journées à leur
« courir après pour les dessiner.

« Quand vint le moment de les caser, pouvais-je
« trouver mieux que la scène de la Parabole de
« l'Enfant prodigue ? »

Peut-être ne faut-il pas prendre au pied de la lettre cette boutade du Maître.

L'Enfant prodigue.
Phot. Durand-Ruel.)

Comment aurait-il évoqué, comme il l'a fait, la détresse de l'Enfant prodigue, avec la *seule ambition* de peindre des pourceaux ?

On peut trouver à reprendre aux mains et aux pieds de l'Enfant prodigue, mais est-il assez *noble* et assez *misérable*, ce jeune homme *languissant* dans sa *solitude*, les yeux creux, couvert de haillons déchirés qui furent une pourpre fleurie, *regrettant* la *maison paternelle* et le *droit chemin méprisé* et le *vrai bonheur* méconnu, indifférent aux pourceaux qu'il garde.

Jeunes Filles au bord de la Mer.
(Phot. Durand-Ruel.)

Et le *paysage*… comme il complète admirablement ce *poème* de la déchéance, de l'isolement et du *repentir*.

Avec *l'Enfant prodigue*, Puvis de Chavannes donnait au même Salon de 1879 *les Jeunes filles au bord de la Mer*.

L'Océan *calme élargit vers l'horizon*, sous le ciel rosé du soir, sa nappe d'azur pâle.

Les rochers se voilent de teintes grises.

Les jeunes vierges sont drapées de blanc. L'une, debout, tord sa chevelure blonde, d'autres, étendues sur le terrain, s'abîment en des contemplations lointaines.

Elles semblent nous interroger du profond de leurs yeux sur le mystère de la destinée.

A les regarder ainsi, on pense aux éternelles légendes de la mer, à ces sirènes de tous les temps et de tous les pays, *éternelles tentatrices* qui promettent aux hommes la beauté, le repos et la joie, et qui leur donnent la mort.

« Oui, dit l'un de ses critiques en face de ce
« tableau, M. Puvis de Chavannes est un *enchan-
« teur*.

« Il a un *secret magique :* celui de la *gran-
« deur*.

« Il est impossible que la pensée ne *s'élève point*
« devant ses *personnages abstraits* et sa *pensée*
« *austère*. »

Cette pensée s'élève encore en contemplant la *Famille de Pêcheurs*.

Le vieux père, aux cheveux blanchis, les bras repliés sur la poitrine, repose, *endormi* dans une *carcasse* de bateau ensablé.

Son fils étend les filets mouillés aux branches d'un arbre.

La jeune mère tient par une lisière l'enfantelet qui joue avec un coquillage.

Les tons sont gris, blancs et violets.

Famille de Pêcheurs.

Le regard s'arrête en paix à cet accord de lignes abrégées.

Tout s'unifie et se vivifie.

Le Pauvre Pêcheur. — Cette œuvre *étrange*, *énigmatique* et *suggestive*, fut donnée en 1881.

On peut tout discuter : l'ordonnance, le dessin, la couleur.

Elle est presque terne d'aspect, violente et solennelle pourtant en sa simplicité.

D'abord le rêve s'enveloppe d'un mirage de réalité.

Le Pauvre Pêcheur.
(Phot. Bulloz)

Le *fleuve* qui roule lourdement ses eaux jaunâtres dans son large lit, *grandement* et bizarrement découpé, c'est la Seine *à son embouchure* dans les parages de Honfleur.

Les falaises de Sainte-Adresse bleuissent à l'horizon marin.

Tout près du bord, à l'avant de sa barque, le pêcheur se tient debout, maigre, hâve.

Vêtu d'une chemise de grosse toile et d'un pantalon haillonneux, la barbe courte, les cheveux emmêlés, engainé dans ses habits et dans sa pose, les yeux caves, fixés en bas.

Il a jeté son filet et il attend, les mains jointes, qu'il se remplisse.

Son attitude exprime l'*éternel espoir, contre tout espoir*, la résignation éternelle.

Sur la berge, constellée de fleurettes jaunes, une fillette malingre, en tunique rose, aux plis étriqués, fait un bouquet, fébrilement, et son petit frère, non loin d'elle, joue sur un pan de draperie usée qui sera peut-être son linceul un de ces jours.

Le pêcheur est veuf. Il emmène ses enfants, ne sachant qu'en faire.

Dans l'*immensité* de la solitude, son être se *morfond, anéanti*.

L'eau *roule, vaste, morne à perte de vue*.

Comment trouver en peinture une traduction plus simple du *dénûment* et de la *misère* de cette humble famille de pêcheurs, de la *résignation paysanne* et de l'*impassibilité* de cette vaste nature.

Il y a plus d'âme sur cette toile que dans toutes les scènes rustiques analogues.

L'émotion pour le spectateur naît de la réalité traduite par le peintre.

Poème d'une *poignante douleur* dans un paysage d'une inexprimable désolation.

Les critiques et les philosophes ont écrit sur ce tableau des réflexions éloquentes, profondes, troublantes même.

Puvis de Chavannes nous émeut encore de la douleur d'*Orphée* allongé de désespoir parmi les rochers durs, appelant Eurydice avec des sanglots, se cachant les yeux de la main et presque repoussant sa lyre.

Orphée.
(Phot. Durand-Ruel.)

Il crie au Ciel la souffrance de son âme.

« Un grand artiste doit s'accoutumer à l'isole-
« ment, à la pénurie, à la patience, à la souffrance,
« à l'*incurable mal de la perfection.* »

Cette interprétation du critique DE FOURCADE est-elle exacte ? On ne sait.

Elle est en tout cas très vraisemblable.

Le Rêve. — Parfois, au milieu de ses travaux, l'artiste sent passer sur lui le beau vol des chimères.

Pourquoi n'aurait-il pas l'*amour*, la *fortune* et la

gloire, ce *jeune voyageur* endormi au bord du chemin ?

Trois figures de femmes planent au-dessus de sa tête :

L'une effeuille des roses ;

Le Rêve.
(Phot. Durand-Ruel.)

Une autre agite des branches de lauriers ;

La troisième laisse tomber des pièces d'or de ses mains.

Laquelle choisira le poète : la fortune, la gloire ou la volupté ?...

En cette même année 1883, Puvis de Chavannes donna le portrait de la *Princesse Cantacuzène*.

Il fut exposé à nouveau en 1889.

Le Musée de Lyon le possède.

Sur une toile étroite est représentée une femme

La Princesse Cantacuzène.
(Collection Sylvestre, Lyon.

d'âge respectable, la tête penchée, les mains croisées, en chapeau et en châle de veuve.

Nous avons devant nous comme une figure éternelle de deuil silencieux et digne, sans lyrisme vain.

En peignant avec tout son cœur ce simple portrait, Puvis de Chavannes a trouvé le moyen de créer un chef-d'œuvre de vie intérieure sous sa forme austère.

Nous terminerons cette étude des tableaux de chevalet par *Doux pays* que Puvis donna en 1882.

Doux Pays.

Il était destiné à décorer l'hôtel de son confrère et ami Léon BONNAT.

M. Bonnat était un méridional ; nous aurons une synthèse des climats méridionaux.

Un ciel bleu, rayé de nuées d'or, une mer d'un azur profond, coupée de blanches voiles, une île fleurie de lauriers-roses, une côte nue, un tamaris, une branche de figuier.

Par terre, des pastèques, des figues, des fleurettes, des sables salés.

Au deuxième plan, une de ces masses noires d'arbustes à feuillages persistants : myrthe, lentisques, bruyères géantes qui font tache sur la mer et qui embaument.

Sur le rivage, au premier plan, deux enfants luttent par besoin naturel d'excercer leurs forces.

Un troisième enfant les regarde en souriant.

Leur sœur, debout, sa tunique blanche rattachée sur l'épaule, considère, de ses grands yeux veloutés, l'île prochaine où des marins débarquent.

Sur la gauche, un autre groupe de jeunes femmes.

L'une est debout dans une draperie d'un bleu pâle, une fleur de laurier-rose à la main, appuyée à une branche de figuier.

Une autre est assise auprès d'elle.

La troisième, allongée dans le sable, se relève sur le coude droit, nonchalante et coquette, une fleur rouge dans ses cheveux noirs. Elles sont vêtues de tuniques bleu pâle et havane.

C'est la voluptueuse paresse de ces régions où la terre et le soleil nourrissent l'homme, presque sans travail.

Un jeune garçon assis, tout au bord du promontoire, amolli lui aussi, et cependant désireux d'aventures, se retourne vers les jeunes lutteurs.

Çà et là une haute corbeille d'oranges, de citrons, une grenade entr'ouverte, une fleur rouge délicieusement piquée dans une chevelure brune. C'est tout.

Rien ne trouble l'harmonie souveraine de l'ensemble, aucun détail 'n'en détourne.

Une atmosphère d'argent fondu enveloppe d'une

brume claire et comme d'une caresse la mer, le rivage, le ciel.

Tout, dans cette composition exquise, chante la lumière, la joie, la jeunesse et la beauté.

C'est un présent d'amitié à un autre grand peintre, auquel le même sentiment d'amitié inspirera une belle œuvre, le portrait de l'auteur de *Doux Pays*.

Le *Doux Pays* est un vrai bijou décoratif.

L'*amitié* est *vraiment* une *noble inspiratrice*.

En 1896, nous l'avons dit, Puvis de Chavannes avait accepté avec joie de décorer au Panthéon l'emplacement resté vacant par la mort de Meissonier.

Il allait continuer à l'autre extrémité de l'édifice l'histoire de la Sainte, inaugurée par lui vingt ans auparavant.

« Je vais choyer le Panthéon, écrivait-il à un « ami ; je veux en faire mon testament. »

Comme le premier ensemble, celui-ci occupe quatre entrecolonnements.

Dans les trois premiers, formant triptyque, un cortège, sorti des murs de la ville, s'avance vers la flottille du ravitaillement.

Ardente dans sa foi et sa charité, Geneviève, que les plus grands périls n'ont pu détourner de sa tâche ravitaille Paris assiégé et menacé de la famine.

La blanche silhouette de la sainte occupe le centre de la composition.

Geneviève parle à son peuple bien-aimé.

Les physionomies, les mains s'élèvent vers la bienfaitrice.

Sainte Geneviève ravitaillant Paris.

A droite, sur la douce teinte cuivrée du ciel où courent de légers nuages violacés, se détachent les larges voiles grises des bateaux qui apportent les vivres aux affamés.

Déjà l'on procède au déchargement.

Une femme essaye d'arracher un sac de farine à l'un des porteurs.

Les Parisiens, en masses compactes, sortent

de la ville et se dirigent vers leur protectrice.

Quelques personnes s'empressent autour d'une femme qui vient de tomber, mourant d'inanition.

Sainte Geneviève veillant sur Paris. — A la foule des affamés et à leurs gémissements, le panneau complémentaire du triptyque oppose la solitude et le silence.

On n'a pas oublié l'impression profonde que laissèrent dans les esprits les admirables panneaux de l'enfance de sainte Geneviève, ces panneaux si simples, si émus, si vrais dans leur charme naïf de légende populaire, au milieu de leur clair paysage parisien, au ciel un peu voilé.

Les saintes figures des pieux évêques.

Les belles filles, songeuses, vaquant à leurs occupations familières.

Les hommes, un peu frustes, marins et bûcherons, graves et respectueux.

Les beaux enfants, farouches, et surtout cette exquise petite Sainte, pleine de candeur et de grâce, pure et modeste, petite fleur délicate et frêle qui embaume discrètement la légende obscure des premiers jours de Paris.

Voici la Sainte, amaigrie par l'âge, émaciée par la prière et les jeûnes, spiritualisée par toute une vie de dévouement et d'amour, elle veille avec une pieuse sollicitude sur la ville endormie.

La nuit règne, nuit bleue, limpide, aux ombres caressantes.

La lune rosée semble monter au ciel au-dessus
de Lutèce.

Elle blanchit les dalles de la terrasse de l'étroite

Sainte Geneviève
veillant sur Paris.

maison, allongeant sur le sol une ombre large et
limpide.

A droite, par la porte entr'ouverte, vacille la
lueur rougeoyante d'une petite lampe qui éclaire,
en luttant contre la clarté laiteuse de la lune,
l'intérieur ascétique de la sainte.

Geneviève, humble femme, en simple robe grise,

la tête enveloppée d'un voile, appuyée sur le rebord de la terrasse, profile sa silhouette austère et méditative sur le ciel profond.

Auprès de la Sainte, une fleur jaillit d'un vase, symbole ingénu de la paix.

Elle s'est levée pour contempler avec amour sa chère ville endormie, pour voir si aucun péril nouveau ne la menace et ne l'oblige à redoubler ses supplications.

A ses pieds, la petite cité engourdie montre la croupe arrondie de sa basilique, les toits rouges de ses maisons, serrées dans l'enceinte des remparts aux tours carrées.

Dans le fond, le globe lunaire se mire à la surface du fleuve et, comme une mer semée de voiles, s'étend la plaine bleue où pointe vaguement la blancheur des lointains monastères.

On éprouve une impression de profond silence, de repos, d'apaisement.

On entend la palpitation lente de la ville endormie sous la douce et vive clarté de la grande nuit pacifique et sous le rayonnement pénétrant de cette présence sacrée et vigilante...

L'illustre artiste n'a jamais exprimé le prestige nocturne; il vient de le faire en un chef-d'œuvre.

Cette composition est strictement la traduction de cette courte phrase de légende :

« Dans sa pieuse sollicitude, sainte Geneviève « veille sur la ville endormie. »

Elle est exactement la vision spontanée de

cette scène intime, inoubliable, émouvante de noblesse et de simplicité, d'une grâce austère, d'une grandeur paisible et consolante, telle qu'elle s'est formée dans l'esprit du grand visionnaire.

Nulle œuvre n'est plus conforme à la belle définition que TOLSTOÏ donnait de l'art, lorsqu'il disait que : « sa seule fin pour un artiste est de « transmettre son rêve aux autres. »

Le pinceau tomba des mains de Puvis de Chavannes dès que fut entièrement terminée pour le Panthéon la toile admirable que nous venons d'étudier.

Cette toile était le chant du cygne.

Il y a fait revivre dans une juste glorification les traits de Mme Puvis de Chavannes, il y a incarné son dévouement profond, sa « pieuse sollicitude ».

Après sa mort, il ne fut rattaché à la vie que par l'œuvre où vivait un peu de la chère disparue.

Il fallut l'indomptable énergie de Puvis de Chavannes pour la mener à bonne fin.

Encore laissait-il, à l'état de fusain, la frise qui devait la couronner.

Mais il luttait contre un état croissant de fatigue qui ne lui laissait aucune illusion.

Ses dernières ressources de forces épuisées, Puvis de Chavannes ne quitta l'atelier de Neuilly que pour s'aliter définitivement.

Quand il mourut, il ne laissait pas de « traînards » et son « testament » était écrit jusqu'au bout, comme il l'avait voulu.

Il est mort en chrétien, sous la bénédiction du curé de sa paroisse, et il a voulu reposer non pas au Panthéon, où des admirateurs en délire projetaient de porter sa cendre, mais dans le cimetière villageois de Neuilly, tout près des cyprès et des saules inclinés sur la croix.

Citons ici quelques lignes émues d'un article nécrologique de M. DE FOURCADE :

« Une profonde tristesse s'est emparée des artistes lorsque, dans la soirée du 24 octobre 1898, la nouvelle a circulé que Puvis de Chavannes était mort.

« Nous l'*admirions* et nous l'*aimions tous*, ce *magnifique voyant* qui, de la réalité, tirait le rêve et revêtait les *froides murailles* de nos édifices d'un *manteau d'émotions*, de *charme* et de *pensées*.

« En dépit de ses soixante-quatorze ans, il était robuste comme un chêne, portant l'âme d'un poète dans le corps puissant d'un preux.

« C'est le coup d'une récente et affreuse douleur qui l'a laissé désarmé contre la maladie.

« Deux ans déjà passés, réalisant un de ses vœux les plus chers, il épousait la princesse de Cantacuzène, dont il avait peint naguère un si noble portrait. Trente ans avant 1898, il l'avait connue chez son ami Théodore CHASSERIAU.

« Naturellement très fine, d'une parfaite culture,

très distinguée de toute façon, la princesse de Cantacuzène se passionna pour cette âme d'élite et fit *toute sa vie de ce qui était la vie essentielle* de Puvis.

« De la solitude où elle se cloîtrait volontairement, et où, lui-même, avec la paix tant aimée, trouvait une espèce de collaboration spirituelle, toujours sagace et discrète, elle eut le bonheur d'assister au progrès de sa gloire.

« Aussi lui voua-t-il une de ces affections qui remplissent une existence entière.

« Un jour, durant le dernier Salon, quelqu'un lui disait en regardant sa belle toile de sainte Geneviève veillant sur Paris : « Vous avez une « peinture d'homme vraiment heureux. »

« Puvis répondit simplement : « Vous avez « raison ; l'œuvre d'art *reflète nécessairement* l'inti- « mité de l'artiste. Ce n'est pas à l'heure qu'il est, « que je *peindrais cet abandonné* : le *Pauvre* « *Pêcheur*. »

« Je le vois encore, ajoute M. Melchior de Vogüé, « tel qu'il passait, il y a quelques mois ; la dernière « fois que je serrais sa main devant sa dernière « toile, souriant et fort, il promenait à son bras « la *compagne* à laquelle il *n'a pu survivre*. »

Il lui offrait *ce don royal*, l'admiration des foules qui murmurent, derrière une femme, le *nom illustre* dont on l'a couronnée.

Trois mois plus tard, son *bonheur* lui était

cruellement arraché ; aussitôt se faisait en lui la suprême emprise : la mort le guettait.

Le supplice lui a été épargné de l'*accoutumance au foyer à jamais éteint*, de la *maison à jamais déserte*...

Lui, qui a vécu tous les grands rêves, s'en est allé dans un rêve du cœur dont la brutale réalité n'avait pu lui voiler qu'à peine la douceur infinie.

« *Celui qui emporte la paix,*» tel est le titre d'un article nécrologique de Melchior de Vogüé sur son ami. »

« La paix suprême étant venue pour Puvis de « Chavannes, dit-il, je suis allé lui rendre les « derniers devoirs.

« Vraiment il se dressait là comme un grand « symbole le catafalque du Maître si longtemps « accablé sous ce mot mal compris de symboliste.

« Autour de ce catafalque, chacun revoyait les « *nobles figures* dans les *nobles paysages*...

« Elles *secouaient* de *leurs voiles* sur leur père « mort l'*immense paix* dont il les a *dotées*...

« Et, singulière coïncidence, les dernières prières « étaient prononcées, sur lui, dans l'église de « Saint-François-de-Sales, sous le vocable d'un de « ses frères en amour de la nature et en séré- « nité.

« Derrière le char funèbre qui emportait sa « dépouille à Neuilly, marchait une foule sereine « d'artistes, vieux ou jeunes, tous recueillis, unis « en la même pensée de regrets et d'hommage ;

« rien de l'odieux papotage des enterrements
« parisiens.

« On devinait chez tous le sentiment d'une
« *vraie perte*, d'un *vrai vide* aux *coins habités du*
« *cœur...*

« Il avait soixante-quatorze ans, il avait accom-
« pli sans défaillance *l'œuvre que, tout jeune, il*
« *rêvait d'accomplir.*

« Beaucoup de ceux qui l'accompagnaient à
« sa dernière demeure avaient ri ou souri de ses
« œuvres, sans que rire ou sourire l'eût fait dévier.

« A la mort s'établit la justice...

« Il reste à tous les yeux l'homme *rare* et *fier*
« qui a *gouverné* sa carrière au lieu d'*obéir* à ses
« *hasards.*

« Son succès lui appartient vraiement, car il
« l'a forcé à venir à lui, sans faire un pas en avant
« pour une concession quelconque.

« N'ayant jamais marché que dans le *sens* où la
« *vérité* lui *semblait être*, et du *pas* qu'il *jugeait bon,*
« il a été, il *demeurera toujours* un exemple supé-
« rieur.

« Son existence fut plus belle encore de persé-
« vérance, de hauteur que d'aboutissement.

« Il n'a jamais fait que ce qu'il a *voulu faire.*

« Il n'a *jamais menti* ni à *lui-même*, ni *aux autres.*

« Il a rempli vis-à-vis de son art et vis-à-vis
« de lui-même le *devoir total.* »

A ces paroles du critique de Fourcade, Robert
DE LA SIZERANE ajoute :

« La fidélité, c'est le grand trait de l'homme
« qui vient de disparaître.

« Trente ans de suite, ce doux audacieux qui
« voulait animer les murailles s'obstina.

« Il avait la foi, une idée juste.

« Comme le poète qu'il a peint à l'Hôtel de Ville,
« il s'avançait lentement vers le portique où se
« tiennent les Renommées, et les lauriers verts et
« or qu'on y tend n'ont touché qu'une *tête blanchie*.

« Le soir de ses soixante-dix ans, dans le ban-
« quet solennel par lequel on les fêta, il put en
« toute sincérité répondre :

« *Qui ne voudrait vieillir pour voir un tel jour !* »

Puvis de Chavannes fut un décorateur égal aux
plus grands.

Les murailles peintes par lui à Amiens, Marseille,
Poitiers, Lyon, Rouen, Paris, Boston, parleront
toujours aux générations.

Son influence s'exerça sur le mouvement de
peintures murales qui se produisit à un moment
où tous nos édifices relevés des ruines de l'incendie
ou construits pour les besoins nouveaux de la
démocratie offraient aux décorateurs tant de
murailles vierges.

En cette même année 1877, l'Etat l'avait
nommé officier de la Légion d'honneur.

Le Salon des Artistes français lui avait remis la
médaille d'honneur en 1882.

Il fut l'un des fondateurs de la Société Nationale

des Beaux-Arts qu'il présida à la mort de Meissonier.

« Puvis de Chavannes n'est pas un peintre qui
« pense, écrit de Fourcade, c'est un penseur qui
« peint. »

Il part d'une abstraction morale condensée sous
un titre : *la Guerre, la Paix, Marseille colonie
grecque*, et il cherche le milieu et les figures les
plus favorables à l'incarnation de son sujet.

Son plan est dressé dans son cerveau bien avant
toute tentative de réalisation, aussi ne tire-t-il de
la nature que des harmonies et des enseignements.

Il ajoute la nature à la pensée comme un appui.

Enfin sa peinture fait vivre la pierre de la vie
intérieure de l'homme.

Et le trait à retenir entre tous : l'*art* de l'*évoca-
teur* de sainte Geneviève et de sainte Radegonde,
du Repos et du Travail, du Doux Pays et du
Génie des Poètes *fut radieusement humain.*

Après cela qu'ajouter sur sa personnalité ?

A voir son œuvre, a-t-on besoin de se demander
quelle fut sa vie !

On sent que ce ne put être qu'une vie de méditation et de labeur sans incidents autres que ceux
concernant ses travaux.

Ceux qui l'ont vraiment connu savent quelle
était sa *constance* en amitié, son *irréprochable
courtoisie* et quel *envers* de bonté, de tendresse
généreuse et délicate se dissimulaient sous une
certaine intransigeance de surface.

Ils savent combien il était accessible à la douleur vraie, aux misères des humbles, de quelle sympathie efficace il honorait les efforts des jeunes et tout élan sincère.

« *L'impression* des *âmes simples m'intéresse* « *seule,* » disait-il.

Quel noble caractère que celui qui a mérité cette parole du peintre BONNAT lorsqu'on parlait d'une biographie à écrire :

« Il n'y a qu'*un ami* qui puisse révéler Puvis « de Chavannes tout entier ! »

Nous terminerons par cette autre parole émue de Léonce BÉNÉDITE à la nouvelle de la mort du Maître :

« Saluons cette grande vie et cette grande « œuvre. Puisse l'une servir d'exemple, comme « l'autre de *consolation* et de *leçon* ! »

TABLE DES ILLUSTRATIONS

TABLE

ACHEVÉ D'IMPRIMER

PAR LA

SOCIÉTÉ ANONYME DE L'IMPRIMERIE A. REY

4, RUE GENTIL A LYON

LE XXV MAI

M.CM.XXVIII

9 782329 564036